# Die Siedler II

# Die Siedler

# II

## VENI, VIDI, VICI

X GAMES

Die Deutsche Bibliothek – CIP-Einheitsaufnahme

**Die Siedler II** : **veni, vidi, vici ; the unofficial guide** / Gunther Bigl ; René Meyer. – Haar bei München : X-Games, 1996

ISBN 3-8272-9007-4

NE: Gunther Bigl ; René Meyer



»X GAMES« ist ein Imprint der Markt&Technik Buch- und Software-Verlag GmbH

10 9 8 7

99 98

ISBN 3-8272-9007-4



Gestaltung & Titelbild: industria – Dieter Müller, München
Lektorat: Birgit Ellissen
Herstellung: Martin Horngacher
Druck: fgb, Freiburg
Dieses Produkt wurde mit Desktop-Publishing-Programmen erstellt
und auf chlorfrei gebleichtem Papier gedruckt
Printed in Germany

# Vorwort

Blue Byte ersann mit »Die Siedler« eine intelligente Mischung aus Strategiespiel und knallharter Wirtschaftssimulation und verpackte das Ganze in liebevoll gezeichnete Grafiken, die sehr detailliert und einfallsreich animiert sind. Nicht umsonst: »Die Siedler« avancierten nicht nur zu einem der erfolgreichsten Spiele ihres Jahrgangs, sondern verkauften sich seit 1994 über 215.000 Mal und zählen damit zu den Bestsellern der deutschen Spielebranche.

Auch Profi-Siedler finden immer wieder Gefallen daran, alte Spielstände zu laden und den emsigen kleinen Männchen bei der Arbeit zuzuschauen. Da es für das Verständnis der Zusammenhänge in »Die Siedler II« sehr nützlich ist, das Vorgängerspiel zu kennen, gönnen wir ihm den ersten Teil des Buches. Wenn Sie »Die Siedler« nicht kennen: Das Spiel hat seine eigenen Reize, und Sie können es mittlerweile für wenig Geld erwerben.

Blue Byte ging bei seiner Arbeit an »Die Siedler« neue Wege. Weg von trockener Simulation, vielen, mit endlosen Statistiken gefüllten Informationsbildschirmen und nur gelegentlichen Animationen, hin zu einer gesunden Mischung aus Simulation und Echtzeitstrategie mit aufwendiger (und doch schneller) Grafikengine. Trotzdem wird selbst ein Vollblut-Simulationsexperte kaum eine Information über die Geschehnisse in seinem kleinen Siedlerreich vermissen. Er kann jedem seiner Untertanen stets bei seiner Arbeit auf die Finger schauen und hat auch in Pausen des mitunter schweißtreibend-hektischen Spielverlaufes genügend in seiner selbst geschaffenen Welt zu begutachten und zu bestaunen.

Seit April 1996 können Sie die Fortsetzung des erfolgreichen Spielkonzeptes begutachten. Einiges hat sich getan, viele der im Vorgänger auftretenden Probleme wurden beseitigt, neue sind hinzugekommen, die Grafik hat sich gewandelt, und die Ansprüche an die Hardware sind gestiegen.

Dies und noch viel mehr wollen wir hier in diesem Buch erörtern, Probleme, Verbesserungen und Strategien aufzeigen und detaillierte Tips zur Lösung der verschiedenen Missionen geben. Es wird sowohl für Einsteiger als auch für Chefsiedler Wissenswertes dabei sein. Nach aufmerksamer Lektüre hoffen wir, daß Ihnen Untertitel des Spiels – Veni, vidi, vici – zur Lebensmaxime geworden ist. (Mit »Veni, vidi, vici«, »Ich kam, ich sah, ich siegte«, soll Cäsar seinen mühelosen Sieg über Pharnakes II von Pontos kommentiert haben.)

Eine gute Sitte von Autoren ist es, alle zu würdigen, die an der Arbeit in irgendeiner Weise beteiligt waren. In erster Linie wollen wir uns für die erstklassige und intensive Unterstützung durch Blue Byte, speziell von Esther Manga und Thomas Häuser, bedanken. Das Material aus erster Hand erwies uns unschätzbare Dienste, wovon hoffentlich auch Sie profitieren. Ganz besonderer Dank gelten Jan Kowalski für das Zusammensetzen der verschiedensten Grafiken und die Brainstorming-Abende mit dem guten Kräuter, Stebi, der ungeahnte Fähigkeiten im Aufstöbern der verborgensten Wege und Rohstoffreserven bewies, sowie Schnuffi, Irene, Claudi, Lacher, Stefan, Frank, Ralph und Elli für ihre Geduld und Unterstützung in den schwierigen Minuten des Lebens.

Dank auch dem Verlag (besten Dank an unsere geschätzte – und selber siedelwütigen – »Korrekteuse« Petra Kienle, die wertvolle Hinweise beisteuerte).

Die Autoren, im sonnigen Juni 1996

# Die Siedler I

## Die Siedler

Um den geneigten Leser nicht mit Schnee von vorgestern zu langweilen und trotzdem einen kurzen Überblick über Spielprinzip, Gebäudetypen, Menüsystem und Siedlertypen von »Die Siedler« zu geben, verzichten wir in diesem Kapitel auf Grundlagen wie: »Wie baue ich einen Weg?« oder »Wie speichere ich das Spiel ab?«. Es sollen in diesem Teil lediglich Dinge herausgearbeitet werden, die später für das Verständnis von Änderungen, Verbesserungen und das gesamte Spielprinzip von »Die Siedler II« wichtig sind.

## Das Spielprinzip

Auf eine bombastische Story wurde bei »Die Siedler« verzichtet. Nach der Eingabe eines Kopierschutz-Codes gelangen Sie in den Hauptbildschirm. Hier läßt sich die Art und Weise des Spieles bestimmen. Es gibt die Möglichkeit, eine Einführungsmission zu starten, um mit der Steuerung und den verschiedenen Spieloptionen vertraut zu werden. Außerdem warten verschiedene Missionen, die nach dem Levelcode-Prinzip aufgebaut sind: Haben Sie ein Szenarium erfolgreich beendet, erhalten Sie das Paßwort für die nächste Karte. Die Levels gestalten sich im Laufe des Spieles immer schwieriger. Die Gegner werden aggressiver, die zum Spielbeginn vorhandenen Ressourcen immer weniger und auch die Rohstoffe immer knapper. Manche Karten bestehen zum großen Teil aus Seen, in anderen wiederum treten bei der Expansion Probleme mit großen Bergen auf. Die Missionen gelten als erfüllt, wenn sich der letzte Gegner ergeben hat oder er bis auf den letzten Mann (die letzte Wachhütte) ausgerottet wurde.

## Der Hauptbildschirm

Auf dem Hauptbildschirm stellen Sie die verschiedenen Spieloptionen ein. Sie wählen zwischen verschiedenen Weltgrößen (bei schnellen Rechnern mit entsprechendem Speicher bis Weltgröße 8) und zwischen einem Einspieler- und einem Zweispieler-Modus. Nun besteht noch die Möglichkeit,

sich ein Spiel nach eigenen Wünschen zu kreieren. Dazu wählen Sie eine der vielen Karten aus. Im Anschluß legen Sie Anzahl und Stärke der Gegner fest. Dazu klicken Sie auf die Fenster im unteren Bereich des Bildschirmes und wählen aus zehn verschiedenen gegnerischen Charakteren maximal vier aus. Die Gegner haben individuelle Eigenschaften und verhalten sich im Spiel unterschiedlich, worauf wir später noch eingehen. Neben den Portraits finden Sie drei farbige Balken. Der **blaue** Balken gibt den Lagerbestand zu Beginn einer jeden Siedlung an. Ein großer Lagerbestand verschafft natürlich einen gewaltigen Vorteil. Der **grüne** Balken gibt die Intelligenz der Computergegner an, und der **rote** legt die Potenz (sprich die Vermehrungsgeschwindigkeit) Ihrer Schützlinge fest. Diese Balken informieren Sie über die Stärken und Schwächen Ihrer Gegner während der Missionsspiele. Sie geben Ihnen außerdem die Möglichkeit, die Stärke der Gegenspieler individuell Ihrem Können anzupassen. Die Väter von »Die Siedler« implizierten einen Zweispieler-Modus auf Split-Screen-Basis: Der Bildschirm wird senkrecht geteilt, die Schaltflächen werden dupliziert, so daß jeder Spieler seinen eigenen Spielbildschirm

> Mit Hilfe eines Zufallsgenerators können bis zu 270 Billiarden (!) verschiedene Zufallsspiele erstellt werden; jeweils mit verschieden starken Gegnern und unterschiedlichen Land- und Wassermassen. Der Zufallsgenerator verändert die sechzehnstellige Zahlenfolge hinter dem Zufallssymbol und erstellt das Spiel für die jeweilige Kartengröße. Wollen Sie einem Freund eine besonders interessante Karte empfehlen, teilen Sie ihm die sechzehnstellige Zahlenkombination und die gewählte Kartengröße mit.

erhält. Dabei werden zwei angeschlossene Mäuse unterstützt. Zwei menschliche Kontrahenten dürfen sowohl gegeneinander antreten als auch gemeinsam eine Siedlung gegen bis zu vier Computergegner aufbauen oder auch die festgelegten Levels gemeinsam bewältigen. Um in den Teammodus zu schalten, klicken Sie auf die Computermaus im oberen Teil des linken Portraits, woraufhin eine zweite Maus erscheint. Nun entwirft der Computer das gewünschte Spiel, und es kann losgehen.

Ursprünglich sollte in »Die Siedler II« ein Mehrspielermodus via Netzwerk implementiert werden. Während später die Rede von einem Update mit Netzwerkunterstützung war, ist es aufgrund der technischen Schwierigkeiten, die Blue Byte für die Realisierung angibt, gut möglich, daß dieses Update nicht erscheint. Zurück zum Betriebssystem gelangen Sie vom Hauptbildschirm aus mit einem Klick auf das kleine braune Quadrat in der linken oberen Bildschirmecke.

## Die ersten Schritte ...

... beim Start einer neuen Siedlung sind von äußerster Wichtigkeit für den weiteren Verlauf. Die Programmierer überlassen Ihnen die Plazierung Ihres Hauptsitzes. Sie wählen sich einen strategisch günstigen Punkt auf der Karte aus und beauftragen Ihren Geologen mit Prognosen über die etwaige Rohstoffverteilung. Haben Sie einen guten Startpunkt gefunden, errichten Sie Ihr Schloß und beginnen in den vom Schloß gesteckten Grenzen mit dem Aufbau der Siedlung.

> Hat Ihnen der Computergegner dummerweise den besten Platz mit den reichsten Rohstoffvorkommen direkt vor Ihrer Nase weggeschnappt, merken Sie sich die Stelle und beenden das Spiel. Nach erneutem Laden der Karte suchen Sie schnellstens besagten Flecken Erde auf, um dort ihre Burg zu plazieren.

## Die Steuerung

Die Karte bewegen (scrollen) Sie, indem Sie die Maus mit gehaltener rechter Taste in die gewünschte Richtung ziehen.

Im Menü *Extra-Option* legen Sie nach dem Klicken auf »rechte Seite« die Art der Steuerung fest. Spieler Nummer eins spielt immer mit der Maus. Für Spieler zwei wählen Sie zwischen der Steuerung mit Joystick oder (zweiter) Maus. Außerdem lassen sich verschiedene Sonderfunktionen einstellen wie

**schneller Bauklick** (Doppelklick auf den Cursor hat dieselbe Wirkung wie das Bau-Icon – das Häuserbaumenü erscheint, oder eine Fahne wird gebaut),

**schneller Kartenklick** (Doppelklick mit der rechten Maustaste ruft die Übersichtskarte auf, der nächste Doppelklick läßt sie wieder verschwinden) und das

**Wegebauscrolling** (erreichen Sie beim Wegebau den Rand der sichtbaren Karte, scrollt das Fenster automatisch weiter)

Der **Spezial-Klick** ist das Halten der rechten Maustaste, wobei mit der linken auf das entsprechende Icon geklickt wird. Funktionen, die durch den Spezial-Klick aktiviert werden, besprechen wir an den zugehörigen Stellen.

## Die Menüleiste

An der Unterkante des Weltenfensters finden Sie eine Reihe von Symbolen, die der Spielsteuerung dienen. Mittels des Bausymbols geben Sie Bauaufträge an Ihre Untergebenen weiter. Das nächste Symbol ermöglicht das Abreißen von Gebäuden, Straßen und Fahnen. Sie plazieren den Cursor auf dem jeweiligen Gebäude und benutzen das Icon (Ruine) mit dem Spezial-Klick. Daraufhin öffnet sich ein Fenster, in dem Sie den Abriß bestätigen müssen. Danach brennt das Gebäude ab, und der Bewohner marschiert arbeits- und obdachlos in eine der Lagerhallen oder in das Schloß. Weiterhin gibt es ein Icon zum Öffnen der Übersichtskarte und ganz rechts eine Reihe von senkrecht angeordneten Schaltflächen, die das Aussehen von Zifferblättern haben. Betätigen Sie ein solches Icon, ertönt ein bestätigendes »Jo«, und Sie werden nach einer festgesetzten Zeit wieder an den gewählten Ort oder das zum Zeitpunkt gerade geöffnete Menü gerufen.

Benutzen Sie das Bausymbol mit dem Spezial-Klick, dann erscheinen innerhalb der Grenzen Ihres Reiches alle gelben Bauhilfssymbole.

## Die Karte

In die Karte sind einige sehr interessante Funktionen eingebaut, die sich mit Kenntnis des speziellen Mausklicks nutzen lassen (siehe Abschnitt »Die Steuerung«). Wenden Sie zum Beispiel den Spezial-Klick auf das Gebäude-Icon an, so öffnet sich ein Fenster, wie Sie es vom Bau eines Gebäudes her kennen. Wählen Sie jetzt einen speziellen Gebäudetyp aus, werden auf der Übersichtskarte nur noch Gebäude dieses Typs angezeigt. Weiterhin können Sie bei der Gebäudewahl auch eine Fahne wählen, worauf Sie auf der Karte Informationen über Wegekreuzungen erhalten, an denen aus irgendwelchen Gründen (keine Anbindung an das Wegenetz, schlechte Wegeplanung und daraus resultierender Stau) der Verkehrsfluß gestört ist. Diese Funktion werden Sie ab einer gewissen Weltgröße nicht mehr missen wollen.

Um den Status einer Baustelle oder eines Gebäudes zu erfahren, gehen Sie mit einem Spezial-Klick auf das Gebäude, woraufhin Sie ein Fenster mit den wichtigsten Angaben erhalten. Genauso gelangen Sie ins Inventar eines Lagerhauses oder des Schlosses und legen dort die Optionen für das Einlagerungsverhalten des jeweiligen Lagers fest.

## Das Statistikmenü

Das nächste Symbol ruft ein weiteres Menü mit acht weiteren Symbolen auf. Hier existiert ein Pfeilsymbol, mit dem Sie direkt zwischen den Statistiken und dem Menü des letzten Knopfes umschalten. Im Statistik-Menü finden Sie folgende Informationen:

### Gebäudestatistik

Wie viele Gebäude haben Sie von einem bestimmten Typ (Zahl vor dem Plus), wie viele davon sind noch im Bau (Zahl nach dem Plus)?

### Personenstatistik

Wie viele Siedler haben Sie für jeden Beruf, wie viele Arbeitslose, wie viele insgesamt?

### Lagerstatistik

Wie viele der verschiedenen Waren stehen in den Lagerhäusern zur Verfügung?

### Vergleichsstatistik
Vergleich zwischen allen Spielteilnehmern, aufgesplittet in Landbesitz, Häuser, militärische Stärke und Durchschnitt.

### Produktionsstatistik
Welche Waren werden in welcher Menge produziert?

### Berufsstatistik
Wie viele Siedler mit den entsprechenden Berufen stehen in den Lagern zur freien Verfügung?

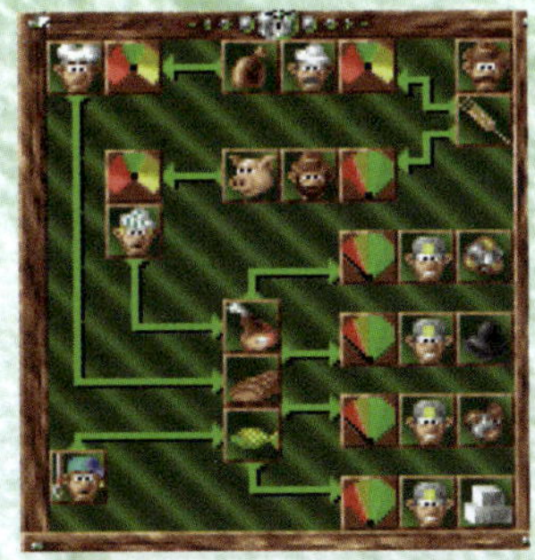

### Nahrungsflußstatistik
Zeigt den Nahrungsfluß vom Produzenten zum Konsumenten an.

### Warenflußstatistik
Zeigt den Warenfluß vom Erzeuger zum Endverbraucher an. Da die letzten zwei Menüs von großer Wichtigkeit für das Gelingen eines Spiels sind, folgen dazu einige Anmerkungen.

### Der Nahrungsfluß
Mit Öffnen dieser Statistik sehen Sie ein zunächst verwirrendes Diagramm. Beim näherem Hinschauen erkennen Sie folgendes: Die Grundlage aller Nahrungserzeugung, die Bauernhöfe nämlich, werden durch das Berufsicon eines Bauern dargestellt. Von dort aus führen zwei Pfeile weiter zu zwei rot, gelb und grün unterlegten Zeigern. Diese verdeutlichen die Auslastung der Mühlen und den Status der Getreidelager des Schweinehirten:

| | |
|---|---|
| volle Lager | grün |
| überlastetes Gebäude | gelb |
| wenig oder keine Produktion | rot |

Von hier aus gehen Pfeile weiter zum Bäcker beziehungsweise Fleischer, und wieder zeigen Pfeile Ihnen den dortigen Produktions- beziehungsweise Lagerstatus an. Die weiterführenden Pfeile verbinden sich mit dem der letzten produzierenden Einheit, den Fischern. Diese vereinten Pfeile spalten sich wieder auf in vier Pfeile, die bei den Endverbrauchern, den verschiedenen Bergwerkstypen, enden. Dort präsentieren Ihnen vier Zeiger den Status der Nahrungsmittelversorgung der Bergarbeiter.

### Der Materialfluß
Der Aufbau dieser Statistik ähnelt dem der Nahrungskette. Von den rohstofffördernden Betrieben (Gold, Eisenerz, Kohle und Granit, Holz) führen Pfeile über die Betriebe, welche die Veredlung der Rohstoffe übernehmen (Sägewerk, Eisenhütte, Goldschmelze), bis hin zu den weiterverarbeitenden Betrieben (Schmiede, Schlosserei, Bootsbauer) beziehungsweise Endverbrauchern (Bauarbeiter, Ritter). Wieder erkennen Sie anhand der Pfeil-Skalen die Auslastung der Betriebe sowie einen etwaigen Rohstoffbedarf.

## Die Verteilungsmenüs
Das letzte Menü-Icon im Hauptbildschirm ermöglicht es Ihnen, sich in die verschiedensten Vorgänge innerhalb des Nahrungs- und Warenkreislaufs einzumischen. Die erste Reihe von Icons steuert die Verteilung der Waren und Nahrungsmittel, die von mehreren Berufsgruppen benötigt werden. Außerdem legen Sie hier die Transportprioritäten für alle zu befördernden Güter fest. So können Sie zum Beispiel in Zeiten, in denen Sie dringend Ritter benötigen, ausschließlich die

Schmieden mit Stahl und Kohle beliefern lassen und den Eisen- und Goldschmelzen sowie den Schlossern den Stahl- und Kohle-Hahn abdrehen. Benötigen Sie kurzzeitig dringend Granit, setzen Sie im Transportprioritäten-Menü das Gestein ganz oben auf die Liste. Liegen nun neben Granit noch andere Güter zum Transport bereit, wird ersterer vorrangig behandelt. Ein weiteres, ähnliches Menü ermöglicht die Festlegung eines Fluchtplanes, der die Reihenfolge enthält, in der im Notfall die Güter aus einem Lagerhaus ausgelagert werden. Auf die außerdem vorhandenen militärischen Menüs werden wir an passender Stelle noch näher eingehen. Im übrigen finden Sie hier das Optionsmenü zum Laden und Speichern von Spielständen. Der Button *Extra-Option* eröffnet Möglichkeiten zur Soundsteuerung und zum Einschalten der SVGA-Grafik. »Die Siedler« ist übrigens eines der wenigen Spiele, die während des Programmlaufes von VGA zu SVGA schalten können; daran sollten sich andere ein Beispiel nehmen.

## Die Gebäude

Hier sollen kurz die verschiedenen Gebäudetypen erläutert werden. Unterschieden werden zivile und militärische Gebäude. Während die militärischen Gebäude ein (unterschiedlich großes) Stück Land in Besitz nehmen, wenn sie mit mindestens einem Ritter besetzt sind, dienen die zivilen Gebäude ausschließlich der Produktion, der Verarbeitung und Lagerung von Gütern und Rohstoffen sowie als Behausung für die fleißigen Untertanen. Drei Gebäudegrößen werden unterschieden. Auf die kleinen Bauplätze (Bauhilfssymbol: Häuschen) können nur die kleinen Hütten gebaut werden. Die großen Bauplätze (Bauhilfssymbol: Schloß) eignen sich sowohl für mittelgroße als auch für große Gebäude. In den Bergregionen lassen sich Bergwerke errichten.

## Die militärischen Gebäude

Unterschieden werden drei Wachgebäudegrößen: Wachhütte (klein) beherbergt bis zu drei Ritter, Wachturm (mittel) beherbergt bis zu sechs Ritter, Wachburg (groß) beherbergt bis zu zwölf Ritter. Diese Gebäude nehmen, sobald ein Ritter eingezogen ist, eine unterschiedlich große Fläche an Land ein und beschützen es. Wird ein feindliches Gebäude direkt an die Landesgrenze gebaut, so verschiebt sich die Grenze zu Gunsten des Feindes, bis sich die »Eroberungskräfte« der verschiedenen Wachgebäude aufheben. Dabei in den Konflikt verwickelte zivile Gebäude gehen bei einer Grenzverschiebung augenblicklich in Flammen auf.

> Das passiert auch, wenn Sie versehentlich (oder auch absichtlich) ein Wachgebäude im Inneren des Landes abreißen, etwa um Ritter für die Besetzung neuer, grenznaher Gebäude zu gewinnen. Das Land wird nicht mehr beschützt; es bildet sich eine Insel von nicht besetztem Gebiet.

## Die zivilen Gebäude

Die kleinsten und vom Baumaterialverbrauch her günstigsten Gebäude sind die verschiedenen Hütten von Holzfäller, Förster, Steinmetz, Fischer, Bootsbauer und die Windmühlen.

**Förster** und **Holzfäller** sollten immer in unmittelbarer Nähe (mindestens) eines Sägewerkes plaziert werden, um die Transportwe-

> Um die Förster daran zu hindern, außerhalb dieses Gebietes ihre Bäume zu pflanzen und so wertvolles Bauland zu blockieren oder gar einen Bauern an der Aussaat zu hindern, plazieren Sie die Förster in der Mitte und die Holzfäller am Rand der Fläche. Unter Umständen verbauen Sie so einem allzu aufdringlichen Gegner den Weg mit Bäumen. Das bedarf aber einer genauen Planung und eines guten Timings.

ge so kurz wie möglich zu halten. Es hat sich bewährt, ein Gebiet ausschließlich zur intensiven Holzproduktion zu nutzen, das heißt, mehrere Holzfäller und Förster in einem Gebiet zu plazieren, wobei ein Verhältnis von 2:1 zwischen beiden empfehlenswert ist.

Es ist ratsam, die Bretterlieferung an die Bootsbauer stark einzuschränken beziehungsweise ganz zu beenden, da sonst unnötig viele Boote gebaut werden und wertvolles Holz verschwendet wird.

**Steinmetze** beginnen nach der Besetzung ihres Häuschens unmittelbar damit, in der Nähe vorhandene oberirdische Steinvorkommen (graue Felsen) abzubauen. Hat er im Steinbruch keinen Platz, weil etwa seine Hütte zu dicht an den Felsen steht, werden die Vorkommen nicht abgebaut.

Der **Bootsbauer** zimmert, wie schon der Name sagt, Boote, die dann von den Siedlern auf den Wasserstraßen benutzt werden. Weil ein Boot ungleich schneller ist als ein Transportarbeiter, stellt es eine äußerst effektive Art des Transportes von Gütern dar.

Die **Fischer** sorgen schnell und direkt für Nahrungsmittel, da keine Zwischenstationen nötig sind und die geangelten Fische direkt »verfüttert« werden können.

Bauen Sie nicht zu viele Fischerhütten an kleinen Gewässern, da diese sonst »überfischt« werden und dann über längere Zeit nicht mehr als Nahrungsmittelressourcen zur Verfügung stehen.

Die **Müller** verarbeiten das Getreide zu Mehl. Mühlen sollten in der Nähe von Bauernhöfen und Bäckereien gebaut werden. (Unsere anfänglichen Befürchtungen, daß auch die Mühlen einen bestimmten Standort mit gün-

stigen Windverhältnissen bevorzugen, bewahrheiteten sich zum Glück nicht.)

Große Bauflächen sollten Sie sorgsam nutzen, da diese am Anfang recht rar sind. Auf diesen errichten Sie wichtige weiterverarbeitende Gebäude wie **Bäckerei**, **Fleischerei**, **Waffenschmiede**, **Eisenschmelze** und **Goldschmelze**. Auch hier gilt die Devise: Transportkapazitäten entlasten und die Gebäudetypen sinnvoll arrangieren. Die Bäckerei benötigt Mehl und produziert Brot. Die Fleischerei benötigt Schweine und produziert Schinken. Die Eisenschmelze benötigt Kohle und produziert Stahl aus Eisenerz. Die Waffenschmiede benötigt Kohle und produziert Schwerter und Schilde aus Stahl. Die Goldschmelze benötigt Kohle und produziert Goldbarren aus Golderz (auch den Siedlern ist es nicht vergönnt, das edle Metall aus Stroh zu spinnen).

Das **Sägewerk** ist eines der wichtigsten Gebäude, das Sie als eines der ersten errich-

ten sollten: Ohne Holz keinen Stolz, äh, keine Bretter und damit keine neuen Gebäude. Der Schreiner in einem Sägewerk verarbeitet das Holz von mindestens drei Holzfällern.

Für die **Bauernhöfe** suchen Sie sich ein grünes Stück Land aus, das etwas abseits der wichtigen Transportadern und weit genug entfernt von Forsthäusern liegt. Wenn möglich, plazieren Sie das Gebäude in der Mitte eines solchen Ortes und vermeiden Störungen durch Wege, Felsen und Bäume. Dann können die Bauern im Laufe der Zeit riesige Farmen mit mehr als zwölf Feldern anlegen. Solche Farmen sind natürlich wesentlich effektiver als etwa Höfe mit sechs Feldern.

Mit dem Bau von **Schweinemastanlagen** sollten Sie erst beginnen, wenn eine ausreichende Versorgung mit Getreide sichergestellt ist oder der Platz zu ungünstig für eine Farm oder ein anderes großes Gebäude ist, aber zu schade, um ungenutzt zu bleiben.

Ein Müller und ein Bäcker sind in der Lage, das Korn von mehreren Farmen zu verarbeiten. Der Fleischer arbeitet schnell und kommt auch mit mehreren Schweinefarmen gut zurecht.

Je mehr Bauernhöfe Sie betreiben, desto besser floriert die Wirtschaft, da es mit genügend Nahrung für die Bergwerksarbeiter nicht so schnell zu Engpässen in der Rohstoffversorgung kommt.

Den ersten großen Bauplatz reservieren Sie immer für den (nach dem Oberbefehlshaber, nämlich dem Spieler selbst) wichtigsten Mann der gesamten Siedlung, den **Schlosser**. Alle Gewerbe sind von seinen Produkten abhängig: Es ist ärgerlich, wenn Sie Holz benötigen, aber die Holzfällerhütten unbesetzt bleiben, weil Äxte fehlen. Kein Holz, keine Gebäude (inklusive Schlosser!) und ebenso keine Werkzeuge. Für die Herstellung benötigen Sie nämlich auch Holz! Der Schlosser gehört daher ganz nach oben auf den Bauplan.

**Lagerhallen** sind für große Siedlungen gleichfalls unerläßlich. Helfen sie doch, die Transportwege für Produkte, die sonst bis ins Zentrum des Imperiums in das Hauptgebäude transportiert werden müßten, zu verkürzen. Die eingesparte Transportkapazität kann anderweitig genutzt werden. Außerdem werden die Soldaten nicht mehr bis ins Schloß geschickt, sondern müssen zur Ausbildung nur noch in die nächste Lagerhalle marschieren. Dadurch beschleunigt sich der Vorgang der Beförderung natürlich wesentlich, und auch der Austausch der Soldaten läuft reibungsloser ab. Wird ein Lagerhaus durch den Ansturm von feindlichen Truppen auf die Grenze bedroht, sollten Sie im Lagermenü die Waren-

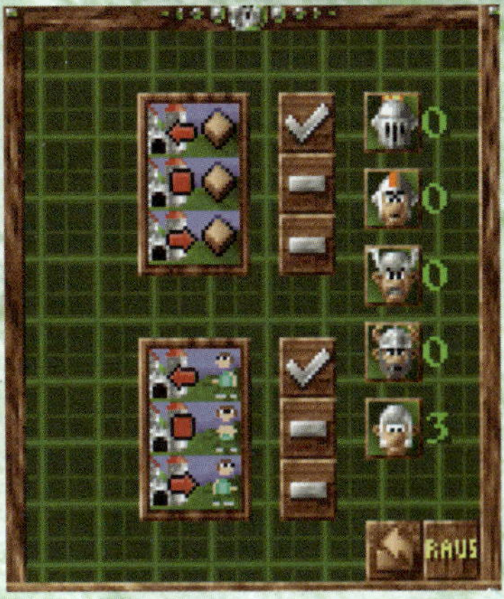


einlagerung stoppen oder gar die Auslagerung veranlassen. Diese Auslagerung erfolgt nach den im Fluchtmenü festgelegten Prioritäten. Auch Siedler können ein- und ausgelagert werden. In den gebirgigen Teilen des Landes lassen sich keine »normalen« Gebäude plazieren. Statt dessen empfiehlt es sich, anfangs eine Markierung in Form einer Fahne zu setzen und einige Geologen mit der Erkundung des Terrains zu beauftragen. Dazu klicken Sie die Fahne mit dem Spezial-Klick an und betätigen das Icon mit dem Geologenkopf. Werden die Gelehrten fündig, erhalten Sie eine entsprechende Nachricht über die Art des Vorkommens. Überdies beschildern die fleißigen Männchen die Gegend. Auf den Schildern finden Sie einen Punkt, dessen Größe den Umfang des jeweiligen Vorkommens angibt:

| | |
|---|---|
| weißer Punkt | Granitvorkommen |
| schwarzer Punkt | Kohlevorkommen |
| gelber Punkt | Goldvorkommen |
| brauner Punkt | Eisenerzvorkommen |

Im Häuserbaumenü erkennen Sie die Art des Bergwerkes an der Farbe des Inhaltes des Huntes (Förderwagen) vor dem **Bergwerk**. Mit Hilfe des Spezial-Klicks informieren Sie sich über den Status und die Vorräte an Nahrungsmitteln in einem Bergwerk. Bergwerke benötigen Nahrungsmittel erhalten. Sind diese nicht ausreichend vorhanden, sinkt die Produktivität, oder die Bergleute treten in den Streik, bis sie wieder Nahrungsmittel. Alle anderen Siedler werden in den Lagerhallen versorgt und bedürfen keiner zusätzlichen Lebensmittel. Alle nicht benötigten Rohstoffe und Güter werden von den Transportarbeitern in die Lagerhallen und/oder das Schloß gebracht und bei Engpässen in der Versorgung wieder hervorgeholt.

Die Schilder verwittern im Laufe der Zeit. Verschiedene, nicht genutzte Abbauregionen müssen bei Bedarf nochmals erkundet werden. Wenn die Meldung »Dieses Bergwerk ist verbraucht!« erscheint, ist es höchste Zeit, das Bergwerk abzureißen, da sonst unnötig Nahrungsmittelressourcen verschwendet werden.

## Die Infrastruktur

Das Anlegen der Infrastruktur ist eine diffizile Angelegenheit. Als Grundgedanken behalten Sie die Formulierung »Wegenetz« aus dem täglichen Sprachgebrauch: Wichtig sind parallele, querverbundene Wege und nicht strahlenförmig vom Schloß ausgehende Pfade. Das ideale Transportsystem würde dem wissenden Betrachter auf der Übersichtskarte also als ein schachbrettartiges (oder ein wenig wie ein Spinnennetz aussehendes) Muster angenehm in die Augen fallen. Das läßt sich in der Realität aber nur selten verwirklichen – zu hindernisreich sind die von Blue Byte implementierten Karten. Als Faustregel beim Wegebau beachten Sie:

- Vermeiden Sie ein strahlenförmig vom Hauptgebäude oder Lagern ausgehendes Wegenetz.
- Start- und Endpunkt eines jeden Weges ist eine Fahne.
- Auf den Teilstücken zwischen den einzelnen Fahnen steht ein Gehilfe, der die anfallenden Transporte der Güter von Fahne zu Fahne übernimmt. Dabei geht er nach der im Verteilungsmenü festgelegten Transportpriorität vor.

- Bevorzugen Sie flaches bis leicht geneigtes Gelände und nehmen Sie lieber einen kleinen Umweg in Kauf, wenn Sie auf zu große Steigungen stoßen. Da das Wegebaumenü sowieso keine automatische Verbindung zweier Fahnen vorsieht und Sie jedes Teilstück per Hand bauen müssen, ist es ein Leichtes, die schlimmsten Steigungen zu entschärfen und damit eine optimale Transportgeschwindigkeit zu gewährleisten.

- Parallele Wege helfen bei starkem Verkehr, die verstopften Strecken (etwa vor einer Lagerhalle) zu umgehen und Staus erst gar nicht entstehen zu lassen.

- Die Siedler versuchen, die Waren auf dem kürzesten Weg ans Ziel zu bringen, das heißt, möglichst wenige Teilstrecken zu benutzen. Je größer also die Anzahl der Teilstrecken (Fahnen), desto »länger« der Weg. Dieses Prinzip gibt dem Spieler die Möglichkeit, bei Staus den Männchen eine Ausweichstrecke durch Abriß einiger Fahnen schmackhaft zu machen oder ihnen durch Setzen von Fahnen Strecken zu vergällen. Aber die intelligenten Arbeiter weichen auch von sich aus auf weniger frequentierte Strecken aus, wenn man ihnen die Möglichkeit dazu bietet.

Wasserarme oder Seen, die das Gelände zerreißen und die Straßen oft zu gewaltigen Umwegen zwingen, können trotzdem die Infrastruktur gewaltig aufbessern. Voraussetzung dafür sind eine ausreichende Anzahl an Booten sowie jeweils eine direkt am Ufer stehende Fahne am Ende jeder Wasserstraße. Dann verbinden Sie zwei Fahnen über das Wasser. Ein Siedler schleppt ein Boot heran, rudert von nun an mit affenartiger Geschwindigkeit von Ufer zu Ufer und bringt die armen Landratten ganz schön ins Schwitzen. Wird die Wasserstraße zu sehr frequentiert, kann er durchaus durch einen zweiten Ruderer unterstützt werden.

## Das militärische Einmaleins

Als oberster Heerführer eines wachsenden Volkes sollten Sie sich auch in den militärischen Belangen des Siedler-Imperiums bestens auskennen. Dem werdenden Feldherrn stehen fünf verschiedene Rittertypen zur Verfügung. Die Karriere eines jeden Ritters beginnt als Rekrut und endet als erfahrener Ritter.

Ist ein Wachgebäude fertiggestellt, machen sich die in den Lagerhallen und im Schloß arbeitslos herumlungernden Soldaten auf den Weg, um das Gebäude zu besetzen. Ist dies geschehen, erhalten Sie eine kurze Meldung, und die Grenze verschiebt sich in schon beschriebener Weise. Das neu gewonnene Land kann nun von zivilen Kräften erschlossen werden. Besetzte Wachgebäude erkennen Sie an aufgepflanzten Fahnen. Mit einem Blick auf die Fahne erfragen Sie den Status eines Gebäudes. Handelt es sich um eine einfache weiße Fahne, liegt das Gebäude im Hinterland. Je dicker das Kreuz auf der Fahne, desto näher ist das Gebäude an der Front. Befindet sich die Fahne an der Spitze des Mastes, ist es um die Besetzung der Häuser gut bestellt. Aber auf Halbmast geflaggt, ist es möglicherweise höchste Eisenbahn, für Ritternachschub zu sorgen. (Eine halbe Besetzung kann aber auch erwünscht sein.) Um die Sollstärke der Hütten festzulegen, begeben Sie sich in das (im Verteilungsmenü befindliche) Besetzungsmenü. Dort finden Sie vier Icons, die für die Entfernung der Wachgebäude von der Grenze stehen: unmittelbar an der Front, in mittelbarer Grenznähe, in dritter Linie und im Hinterland.

Jeder Entfernungsstufe lassen sich zwei Sollwerte zuordnen, nämlich der Wert für die generell angestrebte Stammbesatzung (oben) und der Wert für die im Falle eines Angriffsbefehls noch im Hause verbleibende Besatzung (unterer Wert). Sie wählen zwischen voll, gut, mittel, schwach und minimum. Stimmen die beiden Werte überein, werden aus den Hütten dieser Linie keine Soldaten für einen Kampf abgezogen. Eine Änderung dieser Werte wird sofort wirksam – erst überdenken, dann korrigieren! Klicken Sie nämlich alle Werte wüst durcheinander, verstopfen die freigegebenen Ritter auf ihrem Weg in die Lager sämtliche Wege. Alle Ritter, die nach den gewählten Einstellungen in den Hütten nicht benötigt werden, begeben sich in ein Lager oder ins Hauptgebäude, wo sie weiter ausgebildet und nach gewisser Zeit befördert werden, ausreichend eingelagerte Goldbarren vorausgesetzt.

Im zweiten militärischen Menü (ebenfalls im Verteilungsmenü) legen Sie weitere wichtige Parameter fest. Etwa die Rekrutierungsrate, mit der bestimmt wird, wie schnell aus einem Schwert, einem Schild und einem Gehilfen ein Soldat rekrutiert wird. Voraussetzung für einen Soldaten sind neben einem arbeitslosen Gehilfen je ein Schwert und ein Schild, die in dem gleichen Lagerhaus aufbewahrt sein müssen. Anfangs sollten Sie die Rekrutierungsrate nicht zu hoch wählen, da sonst für die Ausbildung anderer Berufe mitunter nicht genügend Arbeitslose zur Verfügung stehen und die Wirtschaft arg ins Schleudern

Bemerken Sie, daß die neuen Wachgebäude kaum noch von Rittern in Besitz genommen werden, sollten Sie die Hütten im Landesinneren auf minimale Besetzung stellen, um auf diese Weise weiter expandieren zu können. Das ersetzt natürlich nicht eine starke Wirtschaft und sollte als Notmaßnahme angewandt werden.

kommt. Haben Sie genügend Arbeiter, können Sie die möglichen Neurekrutierungen (Zahl unterhalb des Balkens für die Rekrutierungsrate) auch manuell vornehmen, indem Sie die Soldaten mit einem Klick auf das Icon links zum aktiven Dienst einziehen. Möglich sind sowohl die Bestätigung eines neuen Soldaten als auch Fünfer-, Zwanziger- und Hunderter-Schritte. Darunter finden Sie zwei Icons zur Angriffsauswahl, mit denen Sie entweder die stärkeren oder die schwächeren Ritter in den Kampf schicken. Mit einem Klick auf die Icons auf der rechten Seite schicken Sie dem Hüttenpersonal eine Wachablösung. Dabei kommen frisch ausgebildete, starke Ritter aus den Lagern und lösen die schwächeren in den Wachgebäuden ab. Diese Funktion sollten Sie erst nach reiflicher Überlegung benutzen: Ist das Wegenetz frei? Haben Sie in nächster Zeit einen Angriff zu befürchten? (Der Austausch kann längere Zeit beanspruchen, in der die Hütten nicht voll besetzt sind.) Sie finden am unteren Ende des Menüs eine Zahl, die festlegt, wie viele Ritter zum Schutz der Burg im Hauptgebäude Wache schieben. Diese Ritter werden nicht ausgebildet! Die Zahlen in der Mitte des Fensters geben die Motivation der Armee in Prozent und die Anzahl der Goldeinheiten an. Die Kampfkraft und die Motivation stehen in direktem Zusammenhang mit der Zahl der eingelagerten Goldbarren. (Als eingelagert zählen Barren in den Wachgebäuden und in den Lagern inklusive Schloß). Zum Angriffsbefehl klicken Sie mit dem Spezialklick auf ein feindliches (besetztes) Wachgebäude, worauf ein Menü die Anzahl der möglichen Angreifer anzeigt, geordnet nach vier verschiedenen Distanzen, in denen sie sich befinden (je weiter rechts, desto weiter entfernt).

## Die Gegner

Wie schon erwähnt, treten Sie im Spiel gegen bis zu vier gegnerische Charaktere gleichzeitig an. Diese werden aus zehn verschiedenen Feldherrn rekrutiert:

### Lady Amalie

Sie ist eine eher harmlose Verfechterin des guten Geschmacks, die meistens gemütlich vor sich hin baut.

### Kumpy Einfinger

Ein fieser ehemaliger Seeräuber, der sich schon zu Zeiten der spanischen Schatzflotte einen traurigen Ruhm erworben hat. Vorsicht! Er liebt Gold über alles und geht gern ein großes Risiko ein, um an Besitz zu gelangen.

### Balduin

Als ehemaliger Mönch achtet er sehr auf eine gute defensive Stellung. Er beschützt seine wichtigen Gebäude und sein Land besonders gut.

### Frollin

Sein Verhalten kann man nur mit »chaotisch« beschreiben. Er ist unberechenbar und reißt sich unbesetztes Land sehr schnell unter den Nagel. Es muß dann erst sehr mühsehlig erobert werden.

### Kallina

Das Halbblut Kallina kann seine Gene nicht verleugnen. Als Tochter eines kriegerischen Indianerhäuptlings ist sie ein ernstzunehmender Gegner, der versucht, strategische Vorteile durch die Zerstörung von Transportwegen und Lagerhäusern zu erlangen.

### Rasparuk

Als Druide ist seine erste Devise: »Besser man hat, als man hätte!« Ihr folgend, legt er sich riesige Ressourcen zu und ist aber auch an gerade dieser Stelle sehr verwundbar. Erfolgversprechend ist daher ein gezielter Angriff auf seine Lagerhäuser. Aber Obacht: Er kann hinterhältig angreifen und sich hart verteidigen.

### Graf Aldaba

Dieser Adlige ist mit allen Wassern gewaschen. Er ist listig wie ein Fuchs und weiß genau, wann und wo er anzugreifen hat. Besonders beliebte Angriffsziele sind gegnerische Lagerhäuser.

### König Rolph VII.

Als König ist er ein umsichtiger Kriegsherr ohne große Schwächen und mit begrenzter Risikobereitschaft. Am liebsten behindert er die Zufuhr von Baumaterial im grenznahen Raum.

### Homen Doppelhorn

Der gewalttätige und blutrünstige Wikinger ist wohl der aggressivste Feind in dieser Tafelrunde. Achten Sie immer auf seine Aktivitäten, oder Sie erleben Ihr blaues Wunder!

### Sollok, der Joker

Immer lachend, verbirgt sich der lästige und hinterhältige Gegner hinter seiner Maske. Ehe man es sich versieht, läßt er sie fallen und versucht, die Rohstoffversorgung seiner Feinde lahmzulegen.

## Belegung der Wachanlagen

Wie schon angedeutet, können Sie je nach Grenzlage am Belegungsplan der Wachmannschaften herumschrauben. Folgende Tabelle gibt Auskunft über die Auswirkungen der einzelnen Einstellungen.

| Belegung | Wachhütte | Wachturm | Burg |
|---|---|---|---|
| Voll | 3 | 6 | 12 |
| Gut | 2 | 4 | 9 |
| Mittel | 2 | 3 | 6 |
| Schwach | 1 | 2 | 3 |
| Minimum | 1 | 1 | 1 |

## Cheats für »Die Siedler«

Nervt Sie ein hartnäckiger Gegner an einer umkämpften Grenze, wünschen Sie sich vielleicht, einige Wachanlagen direkt nebeneinander aufbauen zu können. In der Regel weigert sich das Programm in diesem Fall, indem es Wachgebäude im Baumenü dann einfach nicht mehr anzeigt. Mit eingeschaltetem Bauhilfsmenü suchen Sie sich einfach einen potentiellen Bauplatz direkt neben der Wachanlage und rufen das Baumenü auf. Erscheint hier keine Wacheinrichtung, verlassen Sie das Menü und scrollen mit der rechten Maustaste den Bauplatz aus dem sichtbaren Bildschirm. Anschließend scrollen Sie wieder zurück und können nun im Baumenü auch Wachhütten anwählen.

Ihre Wachanlage befindet sich in einer aussichtlosen Situation und steht kurz vor der Übernahme durch den Gegner, Sie wollen aber nicht das angehäufte Gold in der Hütte dem Feind überlassen? Dann bleibt nur eine radikale Möglichkeit – das Gebäude abreissen. Wird eine Anlage angegriffen, kann sie jedoch nicht ohne weiteres zerstört werden. Zu diesem Zweck ordnen Sie einen neuen Bauauftrag an der Stelle des alten Gebäudes an und bewirken damit den Abriß der Anlage (schneller Bauklick auf das Gebäude und dann ein anderes Gebäude mit dem Spezial-Klick bauen). Das Gold geht zwar verloren, dafür schaut der Gegner ob des fehlenden Angriffsobjekts in die Röhre und kassiert nicht die gehorteten Goldvorräte.

## Reihe der Materialverwendung

Wieviel Baumaterial wird für die einzelnen Gebäude benötigt, und in welcher Reihenfolge wird es verbaut? Die folgende Tabelle gibt Auskunft.

| Gebäude | Holz | Stein | Reihenfolge |
|---|---|---|---|
| Steinbruch | 2 | 0 | HH |
| Försterhütte | 2 | 0 | HH |
| Fischerhütte | 2 | 0 | HH |
| Holzfällerhütte | 2 | 0 | HH |
| Sägewerk | 3 | 2 | HHSSH |
| Schlachthof | 2 | 1 | HSH |
| Bäckerei | 2 | 1 | HHS |
| Windmühle | 3 | 1 | HHSH |
| Farm | 4 | 1 | HHHSH |
| Bauernhof | 4 | 1 | HHHSH |
| Schmiede | 2 | 1 | HSH |
| Bootsbauer | 3 | 0 | HHH |
| Schlosserei | 3 | 3 | HHSSHS |
| Lager | 4 | 3 | HHHSSSH |
| Goldmine | 5 | 0 | HHHHH |
| Goldschmelzwerk | 4 | 1 | HHSHH |
| Eisenmine | 5 | 0 | HHHHH |
| Eisenschmelzwerk | 3 | 2 | HHSHS |
| Kohlemine | 5 | 0 | HHHHH |
| Granitmine | 4 | 1 | HHSHH |
| Wachhütte | 1 | 1 | HS |
| Wachturm | 2 | 3 | HHSSS |
| Burg | 5 | 5 | HHHHSSSSSH |

## Levelcodes

Mit den Zugriffs-Paßwörtern für die dreißig Missionen beenden wir den Teil für »Die Siedler«.

| | | | |
|---|---|---|---|
| Level 01: | START | Level 02: | STATION |
| Level 03: | UNITY | Level 04: | WAVE |
| Level 05: | EXPORT | Level 06: | OPTION |
| Level 07: | RECORD | Level 08: | SCALE |
| Level 09: | SIGN | Level 10: | ACORN |
| Level 11: | CHOPPER | Level 12: | GATE |
| Level 13: | ISLAND | Level 14: | LEGION |
| Level 15: | PIECE | Level 16: | RIVAL |
| Level 17: | SAVAGE | Level 18: | XAVER |
| Level 19: | BLADE | Level 20: | BEACON |
| Level 21: | PASTURE | Level 22: | OMNUS |
| Level 23: | TRIBUTE | Level 24: | FOUNTAIN |
| Level 25: | CHUDE | Level 26: | TRAILER |
| Level 27: | CANYON | Level 28: | REPRESS |
| Level 29: | YOKI | Level 30: | PASSIVE |

# Die Siedler II

Im zweiten Teil unseres Buchs werden wir uns allen anstehenden Fragen zu den Neuerungen und Verbesserungen von »Die Siedler II« widmen und das Spiel auch kritisch beleuchten. Hat es noch den ursprünglichen Reiz seines Vorgängers? Wie sind Qualität und Schwierigkeitsgrad der einzelnen Missionen? Solche eher allgemeine Fragen und auch spezielle wie: »Wo befinden sich die Goldvorkommen auf der Karte 5?« sollen hier ausführlich beantwortet werden.

## Einführung

Im Gegensatz zu seinem älteren Bruder verzichteten die Väter (und Mütter) von »Die Siedler II« (das ursprünglich »Die Römer« heißen sollte) nicht auf eine animierte Vorgeschichte und eine sich durch das Spiel ziehende Storyline: Wir werden in die Zeit von Julius Cäsar und seinen Mannen versetzt. Unwillkürlich sucht das Auge nach bekannten Gestalten wie Asterix, und man meint schon den entsetzten Ruf des Ausgucks zu vernehmen »Die Gallier kommen!« – aber statt dessen schläft dieser in der schön animierten Vorgeschichte, und es kommt zum unvermeidlichen Scheitern des Schiffes. Schon befinden wir uns mitten in der ersten Mission, in der es vorerst noch um das Herantasten an das neue Spiel und die zwar noch immer traditionelle, doch leicht veränderte und um einige Funktionen erweiterte Steuerung geht.

## Was ist neu?

Am grundlegenden Spielprinzip, das aus einer Mischung aus Wirtschaftssimulation und Strategiespiel besteht und mit den Erfolg des Vorgängers ausmachte, wurde (natürlich) nichts geändert. Im Gegenteil, Komplexität und der strategische Anspruch an den Spieler wurden noch weiter verstärkt; auch die Computerintelligenz wurde verbessert. Außerdem wurden Steuerung und Grafik einer Verjüngungskur unterzogen. Mußte der arg geplagte Chefsiedler im ersten Teil noch die Wege von Fahne zu Fahne immer Schritt für Schritt mit der Maus klicken, verbindet jetzt der Computer automatisch Start- und Endpunkt eines Weges; nicht immer zur Freude des Spielers.

Früher durften Sie zwischen einer grobpixligen VGA-Grafik und einem Super-VGA-Modus wählen. Jetzt stehen Ihnen Auflösungen von 640x480 bis 1024x768 Punkten zur Verfügung. Das hat seinen Preis: Die Version II läßt sich nur auf einem wohlpräparierten und gut bestückten Pentium so richtig genießen – selbst auf einem P-133 mit 16 MB RAM kommt es ab einer gewissen Siedlungsgröße oder im Zweispieler-Modus zu einer deutlich verringerten Geschwindigkeit. Eine weitere Neuerung sind die vier verschiedenen Völker, gegen die Sie sich in zehn Missionen erfolgreich zur Wehr setzen müssen. Die verschiedenen Völker – Römer, Wikinger, Japaner und Nubier mit jeweils mehreren Feldherrn – sind in ihren Vorlieben und Eigenschaften unterschiedlich geartet.

## Beschreibung der Völker

Im Laufe der verschiedenen Levels treffen Sie nicht nur auf verschiedene Völker und müssen diese bekämpfen – die schiffbrüchigen Siedler lernen auch von den fremden Kulturen wichtige Dinge für die Besiedlung der unwirtlichen Gegend, in die es sie verschlagen hat. Manche Feldherrn sind friedlich und wehren sich nur gegen Angriffe, andere hingegen zeigen keinerlei Berührungsängste, sondern graben schon bei der geringsten Annäherung an ihre Grenzen das Kriegsbeil aus. Deshalb ist das Wissen um ihre Eigenheiten schon die halbe Miete bei der strategischen Planung Ihrer Siedlung. Können Sie bei friedlicheren Kontrahenten den Katapultbau anfangs vernachlässigen, sollten Sie sich bei den aggressiven Gegnern auch im Hinterland bestens mit gut besetzten Wachhütten und Katapulten absichern, um unliebsamen Hinterlandsangriffen vorzubeugen.

Die vier Völker werden von je drei verschiedenen Feldherren geführt.

## Die Römer

### Octavianus

Die Siedler geraten in einen Sturm und erleiden Schiffbruch. Der Kapitän der Tortius, Octavianus, übernimmt das Kommando und führt die Kolonie in die ungewisse Zukunft. Er ist ein normalstarker, ausgewogener Charakter mit guten Allround-Kenntnissen und Qualitäten.

### Julius

Der noch relativ junge Julius ist ein vorsichtiger und eher defensiver Mann, der aber, in die Enge getrieben, dem Feind durchaus die Zähne zeigen kann.

### Brutus

Brutus ist von altem Schrot und Korn, ein aggressiver Soldat, der den Krieg wie einen Gott verehrt (und dazu Wein, Weib und Gesang). Seine Produktion ist meist ausschließlich auf Krieg ausgerichtet. Das ist auch seine schwache Seite.

## Die Wikinger

### Erik

Wir haben ja ein gewisses Bild von den alten Wikingern. Also, Erik entspricht genau diesem Bild. Er ist trotz seines Alters ein ernstzunehmender Gegner. Dabei ist er leicht aggressiv und doch ein weiser Mann, der auch auf eine ausgewogene Wirtschaft achtet.

### Knut

Feldherr Knut leidet unter dem Fluch oder Segen der »hohen Geburt«. Als Sohn eines Stammesfürsten avancierte er schnell zum Führer eines Volkes. Doch mehr der schönen Seite des Lebens zugewandt, interessiert ihn das eigene Vergnügen mehr als das Wohl seiner Siedlung. Wirtschaftlich schwach (vergleichbar mit der Zeit des deutschen Hochadels), kommt auch sein Militär auf keinen grünen Zweig.

### Olof

Seit seine Eltern kriegswütigen Barbaren zum Opfer fielen, ist Olof nur noch auf Rache aus. Er machte sich mit Erfolgen als besessener und grausamer Feldherr einen Namen.

## Die Asiaten

### Yamauchi

Als Sproß einer alten Samuraifamilie setzt er viel auf Tradition und entwickelte sich zu einem aggressiven Samurai, der sogar selbst ein Himmelfahrtskommando befehligt, wenn es gilt, im Hinterland des Feindes strategisch wichtige Gebäude zu zerstören oder Gebiete zu erobern.

### Tsunami

Ein eher ruhiger und durchschnittlich starker Charakter ist der durch nichts aus der Ruhe zu bringende Tsunami. Als Verbündeter ist er eine sichere Wahl.

### Hakirawashi

Weise, zurückhaltend und religiös, das sind Attribute, die auf Hakirawashi, Mitglied einer alten religiösen japanischen Herrscherfamilie, voll zutreffen. Geduldig wartet er, bis der richtige Zeitpunkt für ihn gekommen ist. Ob Freund oder Feind, er geht immer bedacht und geradlinig auf sein Ziel los.

## Die Nubier

### Shaka

Als Häuptling eines kleinen Naturvolkes kann Shaka der modernen und organisierten Kriegskunst nur wenig Widerstand entgegensetzen. Da sein Volk noch traditionsbewußt produziert, ist seine Wirtschaft relativ schwach entwickelt. Nur unter Führung eines erfahrenen Oberbefehlshabers kann auch dieses Volk zu einer Bedrohung für etwaige Herausforderer werden.

### Todo

Unter seinen Landsleuten ist Todo als »Wirtschaftswunder« bekannt und geachtet. Bei ihm paaren sich wirtschaftliche Genialität mit weiser Zurückhaltung und einer defensiven militärische Haltung.

### Mnga Tscha

Als Schüler von Todo verfügt er noch nicht über dessen Wirtschaftsgenius, ist aber trotzdem wirtschaftlich sehr rege und, dank seines jugendlichen Feuers, auch militärisch nicht zu verachten.

# Bedienung & Bildschirm

Dieser Abschnitt richtet sich vornehmlich an große und kleine Spieler, die mit ihrem Rechner noch nicht so vertraut sind und auch mit »Die Siedler« bislang keine Erfahrung gesammelt haben. Jeder, der meint, die Installation und alle Bedieneroptionen des Spiels vollständig zu beherrschen, kann getrost dieses Kapitel überspringen. (Allerdings droht Ihnen dann der Verlust wertvoller Informationen.)

## Die Installation

Wie schon erwähnt, stellt das Spiel einige Anforderungen an unser aller Freund, den Computer. Im Handbuch steht als absolute Mindestanforderung:

| | |
|---|---|
| Prozessor: | 486DX/2-66 |
| RAM: | 8 MB |
| Festplatte: | 30 MB |
| CD-ROM: | double speed |
| Sound: | alle handelsüblichen Soundkarten |
| Betriebssystem: | MS-DOS ab 5.0 / Win95 |

Soviel zur Theorie. In der Praxis sieht es ein wenig anders aus. Sicher, das Spiel läuft unter diesen Bedingungen, aber der Spielspaß kann bei dieser Mindestanforderung getrost vor der Tür bleiben. Auf einem 486DX/4-100 mit 16 MB RAM laufen »Die Siedler II« im Einzelspieler-Modus anfangs ganz akzeptabel. Je größer allerdings die Siedlung wird, desto mehr geht das System in die Knie, und das Manövrieren auf der Karte wird mächtig ruckelig. Ab einem Rechner mit einem P90 (Pentium-Prozessor mit 90 MHz Taktfrequenz) und 16 MB RAM läuft das Spiel einigermaßen und auch im Zweispieler-Modus zufriedenstellend. Leider macht der Trend zu immer hardwareintensiveren Spielen auch vor Blue Byte nicht halt.

> Öffnen Sie die Datei NOTSTART.BAT mit einem Editor wie *Edit* (MS-DOS), *NotePad* (Windows 3) oder *WordPad* (Win95). Ersetzen Sie das Wort »Quiet« entweder durch »DT« (der einleitende Film wird gespielt), oder löschen Sie es ganz. Nun haben Sie auch mit 8 MB Sound-Effekte.

Trotzdem, es gibt einige Kniffe und Tricks, wie Sie allzu große Geldausgaben (um etwa aus Enthusiasmus einen neuen Prozessor und neuen Speicher zu kaufen) umgehen und das Spiel (relativ) unbeschwert genießen können. Unter MS-DOS ist vom Hersteller schon an die Spieler mit 8 MB gedacht worden. Starten Sie das Spiel über die Datei `NOTSTART.BAT`, kommt allerdings nur wenig Freude auf. Das Spiel erscheint nämlich wie kastriert, weil der Sound fehlt – das schönste Spiel wirkt ohne Geräusche immer etwas flau. Eine weitere Möglichkeit ist das Erstellen einer Bootdiskette für Ihren Rechner. Dazu legen Sie eine leere formatierte Diskette in Ihr Diskettenlaufwerk A: und geben ein:

```
sys c: a:
```

Unter Windows 95 können Sie unter Umständen selbst mit 8 MB RAM das Spiel ohne Probleme im Normal-Modus zu Laufen bringen. Durch die gute Speicherverwaltung unter Windows 95 läßt sich einer MS-DOS-Anwendung virtueller Speicher zuordnen. Dazu stellen Sie unter Eigenschaften der PIF-Datei fol-

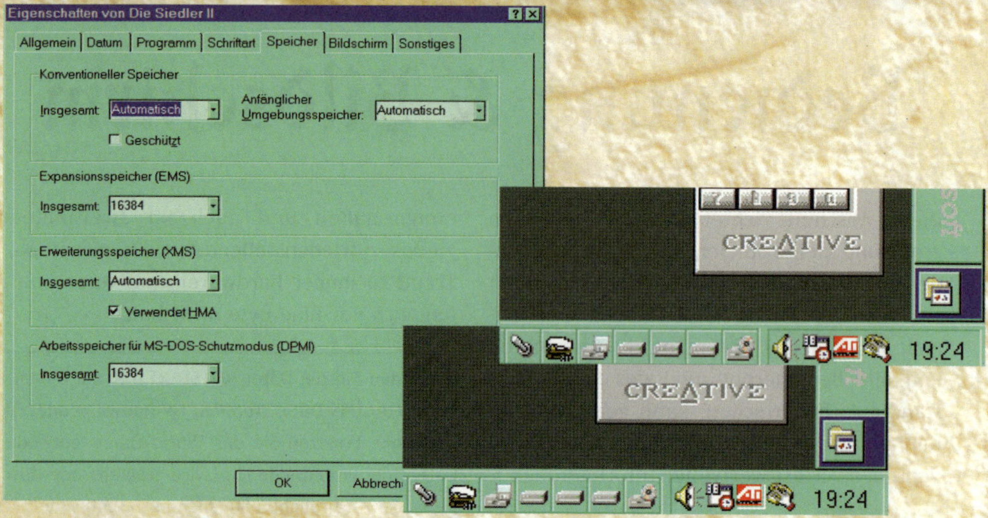


gendes ein (siehe Bilder oben). Bei der Installation auf verschiedenen Systemen kam es zu keinerlei Problemen. Das Installationsprogramm rufen Sie auf, indem Sie das Programm `INSTALL.EXE` auf der CD-ROM aufrufen. Vorausgesetzt, Ihr CD-Laufwerk trägt die Bezeichnung D:, gehen Sie folgendermaßen vor:

In MS-DOS beenden Sie alle Programme, auch Windows, bevor Sie

```
d:
install
```

eintippen. In Windows 95 klicken Sie das Start-Symbol links unten an, gehen auf Ausführen und geben

```
d:install
```

ein oder starten das Programm über den Dateimanager, den Explorer. Es erscheint nun ein Nachrichtenfenster, welches Sie durch den Installationsprozeß geleitet. Sie werden aufgefordert, Laufwerksbuchstaben und den vollständigen Pfad für die Installation der erforderlichen Dateien auf die Festplatte Ihres Rechners einzugeben. Den vom Programm vorgegebenen Pfad können Sie durch Ihren Wunschpfad ersetzen. Empfehlenswert ist es, für alle Spiele ein separates Verzeichnis, etwa `C:\SPIELE` anzulegen. »Die Siedler II« sollten dann nach `C:\SPIELE\SIEDLER2` oder `C:\SPIELE\S2` kopiert werden. Dahin überträgt das Programm die erforderlichen Dateien (ungefähr 30 MB). Nach der Anmeldung Ihrer Soundkarte ist der Installationsvorgang beendet.

## Spielbeginn

Der große Augenblick: Das erste Spiel beginnt. Dazu wechseln Sie in das Verzeichnis, in das Sie »Die Siedler II« installiert haben und geben `start`ein. Die CD-ROM sollte dafür im Laufwerk liegen. Nun läuft das Intro ab. In dessen Anschluß befinden Sie sich im Hauptmenü. Falls Sie auf das Intro verzichten können, starten Sie das Programm mit `s2` Dadurch greift das Spiel nicht mehr auf die CD-ROM zu, die Sie damit in der Schachtel lassen können.

## Die Menüs

Im Hauptmenü haben Sie die Auswahl zwischen verschiedenen Buttons.

**Kampagne:** Das Spiel im Spiel! »Die Siedler II« beinhaltet eine kleine Storyline, die zehn Missionen umfaßt. Das erste Szenarium ist als Einführung gedacht; der Schwierigkeitsgrad steigt aber sehr schnell an. Im Laufe der Missionen erhalten Sie immer wieder Hinweise und Tips von Ihrer Ordonnanz. Fertigkeiten werden neu entdeckt oder entwickelt. So übernehmen Sie etwa den Schiffbau von einem friedlichen Wikinger, den Sie bei einer näheren Erkundung des Geländes finden. Haben Sie eine Mission erfolgreich beendet, gelangen Sie in das nächste Szenario. Dabei dürfen Sie die schon bestandenen Missionen noch einmal spielen; die bewältigten Levels sind frei wählbar.

In der Datei `SAVE\MISSIONS.DAT` wird vermerkt, welche Missionen Sie geschafft haben. Sie enthält nur zehn Zeichen, je eine 0 für eine noch nicht bestandene oder eine 1 für eine bewältigte Mission. Wenn Sie mit Hilfe eines Texteditors die Zeichenkette in `1111111111` ändern, dürfen Sie alle Levels frei wählen.

Wenn Sie die Funktion »Automatisch Speichern« einsetzen, wird nach einem eventuellen Absturz des Systems der letzte automatisch gespeicherte Spielstand geladen.

**Letztes Spiel fortsetzen:** Wie die Beschriftung schon sagt, wird das zuletzt gespielte Szenario geladen, wenn Sie diesen Menüpunkt wählen.

**Spiel laden:** Lädt einen zuvor von Ihnen gespeicherten Spielstand.

**Freies Spiel:** Hier stehen dem siedelwütigen Spieler 18 verschiedene Karten unterschiedlicher Größe und Schwierigkeit zu Verfügung.

Die Wahl der Art und Anzahl der Gegner. Deren Nationalität und das Spielziel werden von Ihnen bestimmt. Außerdem wählen Sie diesen Menüpunkt, um den Zweispieler-Modus zu starten.

**Optionen:** Hier erhalten Sie Informationen über Ihr System und wählen die Grafikauflösung zwischen 640x480 bis 1024x768 Bildpunkten.

**Intro:** Der Vorspann kann, wenn die CD-ROM im Laufwerk liegt, beliebig oft wiederholt werden.

**Credits:** Die Danksagung an alle, die zum Gelingen des Spieles beitrugen.

**Programm verlassen:** Dieser Schalter bringt die schöne Welt der Siedler zum Einstürzen! Den Herrschaften in Ihrer Siedlung fällt buchstäblich der Himmel auf den Kopf, und Sie werden mit unbeschreiblicher Brutalität in Ihr reales Leben zurückgestoßen – oft mit steifen Fingern, brennenden Augen und schmerzendem Rücken.

## Bedienung mit Tastatur und Maus

Die Bedienung der verschiedenen Funktionen hat sich bei »Die Siedler II« im Vergleich zu seinem Vorgänger ordentlich weiterentwickelt. Vor allem die Menüführung wurde verbessert. Die neuartige Grafikengine des zweiten Teils erlaubt das an Windows erinnernde Benutzen der einzelnen Fenster. Sie plazieren Fenster beliebig, verkleinern sie nach Bedarf und holen sie wieder in den Vordergrund, wenn Sie sie brauchen. Für die meisten wichtigen Funktionen gibt es Hotkeys, mit denen Sie die gewünschten Funktionen per Tastendruck aufrufen. Ansonsten ist die Maus das Mittel zum Zweck. Der Cursor besitzt das Aussehen einer Hand mit ausgestrecktem Zeigefinger. Zusätzlich wird mit einem roten Kreuzchen die Stelle auf der Karte markiert, an der die gewünschte Aktion ausgeführt werden soll. Oftmals weicht dieses Kreuz von der Position des Zeigefingers ein wenig ab. Haben Sie sich aber erst einmal daran gewöhnt, möchten Sie diesen Helfer nicht mehr missen. Dieses Kreuz verwandelt sich an Stellen auf der Karte, an denen Sie ein Gebäude bauen können, in ein Symbol, das den dort errichtbaren Gebäudetyp darstellt. An jeder beliebigen Stelle des Bildschirms läßt sich durch einen Mausklick ein sogenanntes Beobachtungsfenster öffnen, welches den dortigen Bildauschnitt vergrößert. So können Sie zum Beispiel eine gegnerische Wachhütte im Auge behalten und dabei Ihren eigenen Regierungsgeschäften nachgehen.

Der Wegebau gestaltet sich bei »Die Siedler II« wesentlich einfacher als bei seinem Vorgänger. Durch den Klick auf eine Fahne (Startposition) und den Klick auf eine zweite (Ziel) erreichen Sie das automatische Verbinden der Fahnen auf optimalem Wege. Diese Funktion hat aber nicht nur Vorteile. So kann es Ihnen passieren, daß der Computer einen riesigen Umweg baut, weil etwa ein Baum im Weg steht. In einem solchen Fall (oder wenn es auf die korrekte Verbindung zwischen zwei Punkten ankommt) sollten Sie die Wege in altbewährter Schritt-für-Schritt-Technik bauen. Der Spezial-Klick von »Die Siedler I« fehlt leider, und auch einige der mit ihm verbundenen nützlichen Funktionen sind dem neuen Design zum Opfer gefallen. So können Sie nicht mehr bestimmte Gebäudetypen gezielt aufsuchen.

Mit der gehaltenen rechten Maustaste verschieben Sie den Kartenausschnitt. Außerdem bricht diese Taste manche Aktionen ab und schließt die meisten Fenster.

## Die Hotkeys

Die Hotkeys öffnen verschiedene häufig benötigte Fenster und aktivieren Funktionen.

| | |
|---|---|
| Leertaste: | Drücken der Leertaste (de)aktiviert die Bauhilfsfunktion, mit deren Hilfe alle möglichen Standorte für die drei Gebäudegrößen im eigenen Land durch gelbe 3D-Symbole angezeigt werden. |
| C: | Checkt die Gebäude ab. Der Gebäudename aller Bauwerke steht direkt über den Häusern. |
| S: | Zeigt den Produktionsstatus der einzelnen Gebäude an (in Prozent). Bei Wachgebäuden wird der Besetzungsstatus angezeigt. Falls das Haus nicht besetzt ist, gibt es eine Meldung. |
| L: | Öffnet das Kartenfenster. |
| V: | Beschleunigt die interne Uhr und steigert somit die Spielgeschwindigkeit. |
| N: | Öffnet das Nachrichtenfenster. |
| M: | Öffnet das Fenster der Hauptauswahl. |
| P: | Pause. |
| Z: | Zoomt den gesamten Bildschirm. |
| I: | Aktiviert die Kurzhilfe. |
| H: | Sprung zum Hauptquartier. |
| F1: | Spielstand laden. |
| F2: | Spielstand speichern. |
| F8: | Zeigt die Tastaturbelegung. |
| F9: | Zeigt die »Lies mich«-Datei. |
| F10: | Öffnet den Audio-CD-Player. |
| F11: | Öffnet den MIDI-Player. |
| F12: | Öffnet das Optionsfenster. |
| ALT-Q: | Spiel beenden. |
| ALT-W: | Aktuelles Fenster schließen. |
| Esc: | Aktuelle Aktion abbrechen oder Fenster schließen. |
| Pfeiltasten: | Kartenausschnitt scrollen. |

Im Nachrichtenfenster stehen folgende Tasten zur Verfügung:

| | |
|---|---|
| +/-: | Blättert Nachrichten vor und zurück. |
| Entf: | Löscht die aktuelle Nachricht. |
| G: | Springt zum Ort des Ereignisses. |
| B: | Sie gelangen zu dem Ort zurück, den Sie mit G verlassen haben. |

## Die Fenster

Mit den Fenstermenüs halten Sie das wichtigste Werkzeug zur Kontrolle der Siedlung in den Händen. Sehr angenehm fiel uns die detaillierte Hilfefunktion der einzelnen Fenster auf: Ein kurzer Druck auf den »i«-Button, und Sie erhalten eine kurze Beschreibung des betreffenden Fensters.

Nun, starten Sie einmal ein beliebiges Spiel, und schauen Sie sich die verschiedenen Menüs und Fenster einmal genauer an.

Zunächst befinden Sie sich im Hauptbildschirm, auf dem Sie künftig das Werden und Gedeihen (oder das Verderben) Ihrer Siedlung live miterleben. Unten finden Sie eine Button-Leiste, die Ihnen Zugriff auf die wichtigsten Steuerfunktionen gibt.

Die einzelnen Fenster lassen sich grundlegend in zwei Typen untergliedern – in lokale und in Verwaltungsfenster.

### Lokale Fenster

Klicken Sie zum Beispiel ein beliebiges Gebäude an, so öffnet sich ein lokales Fenster, das Sie über den Status des Gebäudes informiert.

Sind genügend Rohstoffe für die Produktion vorhanden? Wie sieht es mit der Gesamtproduktivität des Gebäudes aus? Ist das Gebäude

überhaupt schon besetzt? Diese und noch einige Informationen mehr rufen Sie mit Hilfe der lokalen Fenster ab. Die Bezeichnung der Kopfzeile der Fenster gibt Ihnen meist schon eine Ahnung, womit sich das jeweilige Fenster befaßt. In der Kopfzeile finden Sie auch die Möglichkeit, die Fenster mit Hilfe des Icons rechts oben in Windows-Manier zu parken (nur die Kopfzeile ist zu sehen) beziehungsweise durch Klicken und Halten das Fenster an eine beliebige Position zu ziehen. Auch wenn Sie jetzt das Fenster schließen, wird es beim nächsten Aufruf wieder an jener Stelle erscheinen.

Die lokalen Fenster geben Ihnen die Möglichkeit, verschiedene kontextbezogene Steuerfunktionen zu aktivieren. In jedem Fenster finden Sie eine Steuerkonsole mit jeweils vier Knöpfen. Mit dem schon erwähnten »i«-Button rufen Sie die lokale Hilfe auf. Mit dem Icon, das ein abbrennendes Haus darstellt, reißen Sie ein Gebäude ab. Sie beordern den entsprechenden Bewohner zurück ins Schloß, und er legt, bevor er sein Heim verläßt, Feuer. Nach einer gewissen Zeit können Sie an dieser Stelle erneut den Bauplatz nutzen, um neue Gebäude errichten zu lassen.

Das Icon, das ein Paar Zahnrädchen zeigt, ist mitunter von äußerster Wichtigkeit. Mit seiner Hilfe stoppen Sie die Produktion eines Gebäudes zeitweilig. Wofür das gut sein kann, werden wir an passender Stelle näher erläutern. Da die Wachgebäude nichts produzieren, ist der Schalter bei ihnen ein wenig abgewandelt. Die Goldmünze bestimmt darüber, ob die Soldaten in der betreffenden Hütte befördert werden oder nicht. Ist die Münze durchgestrichen, werden in die betreffenden Wachgebäude keine Goldmünzen eingelagert. Münzen, die schon auf dem Weg sind, werden trotzdem noch bis an ihren Bestimmungsort transportiert.

Verhindern Sie bei allen kleineren Wachgebäuden (Baracken und Wachhütten) die Goldeinlagerung. Bauen Sie lieber in Grenznähe ein paar Türme und Burgen. Voll besetzt werden in ihnen pro Münze fünf Soldaten befördert! Das kann bei wenigen Goldvorräten essentiell sein.

Das vierte Icon finden Sie in fast allen Fenstern. Der Punkt mit dem Pfeil befördert Sie durch Mausklick oder durch Drücken der Taste »G« direkt an den Ort des Geschehens. Mit der Taste »B« kehren Sie an den Ausgangspunkt zurück.

Was sagen die lokalen Fenster noch über die Gebäude aus? In der oberen Reihe finden Sie die Symbole für den Beruf des Bewohners des Gebäudes und rechts das Symbol des hergestellten Produktes. Dazwischen befindet sich ein Balken, der Ihnen die Produktivität des einzelnen Gebäudes anzeigt. Die folgenden Symbolzeilen spiegeln die Lagerkapazität der Gebäude wieder. Sind die Gegenstände hell beleuchtet, liegen sie tatsächlich auf Lager. Sind hingegen nur die Silhouetten der Gegenstände zu erkennen, ist der Lagerplatz noch frei.

Eine Sonderstellung unter den lokalen Fenstern nehmen die Fenster von Lagerhäusern und vom Schloß ein. In einem Lagerbestandfenster erkennen Sie die Symbole der verschiedenen Gegenstände, Rohstoffe und Werkzeuge, die Ihnen im Laufe der Spiele über den Weg laufen werden. Darunter wird die Anzahl der in diesem Lagerhaus vorhandenen Einheiten des jeweiligen Rohstoffes oder Gegenstandes angezeigt. Unten finden Sie, außer den schon genannten Icons (unter anderem zum Abreißen des Gebäudes) vier weitere, sehr wichtige Schalter. Mit Hilfe des Buches blättern Sie im Inventar des Lagerhauses weiter und stoßen auf die Berufssymbole und Anzahlen sämtlicher im Lager anwesenden Personen. Ganz links finden Sie einen Schalter, mit dessen Hilfe Sie anweisen können, jedes einzelne Produkt aus dem Lager auszulagern oder jede Personengruppe zu evakuieren. Die Waren werden dann in das nächste verfügbare Lagerhaus oder in die internen Lager der produzierenden Gebäude gebracht. Das kann einen gewaltigen strategischen Vorteil gegenüber den gegnerischen Völkern bringen. Wie Sie diese Mittel richtig einsetzen, werden wir im Kapitel »Allgemeine Tips und Strategien« näher erläutern.

Wenn sich der Gegner schnell auf ein Lagerhaus zubewegt, sollten Sie rechtzeitig mit dem Evakuieren des Lagerhauses beginnen, da das Auslagern eine gewisse Zeit in Anspruch nimmt.

Das benachbarte Symbol kann mit dem »Auslagern"-Symbol kombiniert werden und bewirkt einen Einlagerungsstop. Werden nämlich die ausgelagerten Waren nicht rechtzeitig von Trägern weiterbefördert, werden sie automatisch wieder eingelagert. Mitunter wird dadurch die Ware im Haus nicht weniger, sondern mehr. Das ist natürlich nicht im Sinne des Erfinders, und so erhält der Spieler die Möglichkeit, diese Lagerwirtschaft noch besser zu kontrollieren. Mit dem Zwei-Pfeile-Icon können Sie eine generelle Ein- oder Auslagerung des gesamten Waren- und/oder Personenbestandes erreichen, ohne jedes Icon einzeln anklicken zu müssen.

Eine weitere Besonderheit finden Sie bei den Hafengebäuden. Vom Prinzip her handelt es sich hierbei um ganz normale Lagerhäuser –

aber eben mit einer Extrafunktion. Ganz rechts finden Sie ein blaues Icon mit einem Schiff-Symbol. Vorsicht! Klicken Sie diesen Schalter nur, wenn Sie über genügend Baumaterial für Ihre Baustellen verfügen! Durch die Betätigung dieses Icons rüsten Sie eine Schiffsexpedition aus, wobei vier Stapel Bretter und sechs Blöcke Granit auf ein Schiff verladen werden. Dazu kommt noch ein Baumeister, und dann meldet sich das Schiff zum Auslaufen bereit. Sind aber nicht genügend Baumaterialien vorhanden, werden das Beladen des Schiffes und die aktuellen Bauvorhaben mächtig verzögert, weil das Programm versucht, eine ausgewogene Materialversorgung zu gewährleisten. Beim letzten Typ von lokalen Fenstern handelt es sich um die Aktions- und Beobachtungsfenster. Klicken Sie irgendwo auf freies Feld, wo noch kein Gebäude steht, öffnet sich das Aktionsfenster. Dies kann ein sehr unterschiedliches Aussehen haben.

Auf das freie Feld geklickt, öffnet sich ein Aktionsfenster. Mit Hilfe der Lupe öffnen Sie ein Beobachtungsfenster, das Sie mittels gehaltener Maustaste so fokussieren können, daß Sie zum Beispiel ein ganz bestimmtes Wachgebäude des Feindes immer im Blick haben. Im Beobachtungsfenster finden Sie noch eine Reihe neuer Icons. Klicken Sie auf das Kamera-Symbol, wird das Beobachtungsfenster die Person verfolgen, die dem Fadenkreuz am nächsten ist. Außerdem finden Sie hier noch eine Zoom-Funktion und die Möglichkeit, die Größe des Beobachtungsfensters zu ändern. Maximal zwei Beobachtungsfenster können Sie offenhalten.

Klicken Sie jedoch auf eine goldene Fahne

oder ein goldenes Gebäude, so können Sie das Gebäude oder die Fahne errichten lassen. Beim Klick auf schon bestehende Gebäude erscheint ein entsprechendes lokales Fenster. Beim Klick auf eine schon errichtete Fahne können Sie nun entweder ein Beobachtungsfenster (auf die Lupe klicken) öffnen, oder aber Sie werden gefragt, ob Sie einen Weg von der Fahne weg bauen möchten (Straßensymbol), die Fahne abreißen möchten (Fahnensymbol mit dem zerbrochenen Mast) oder ob Sie zur näheren Untersuchung der Umgebung einen Gelehrten oder einen Späher losschicken möchten (das »ergraute« Männchen auf dem Symbol ist natürlich der Gelehrte). Als letzte Möglichkeit für ein Aktionsfenster lassen sich feindliche Wachgebäude anklicken. Das hier erscheinende Fenster bedarf einer genaueren Erklärung, die wir im Kapitel »Das Militär« nachreichen.

## Die Verwaltungsfenster

Diese Menüs stellen sozusagen das Büro des Herrschers dar und eröffnen Ihnen eine Vielzahl von Möglichkeiten, Ihre Siedlung zu steuern und zu verwalten. In der anfangs erwähnten Icon-Leiste am Grund des Hauptbildschirmes können Sie vier Symbole unterscheiden, die, von links nach rechts, folgendes bewirken: Kartenfenster öffnen (wie auch Taste »L"), Fenster Hauptauswahl öffnen (wie auch Taste »M"), Bauhilfsfunktion aktivieren (wie auch die Leertaste), Nachrichtenfenster öffnen (wie auch die Taste »N").

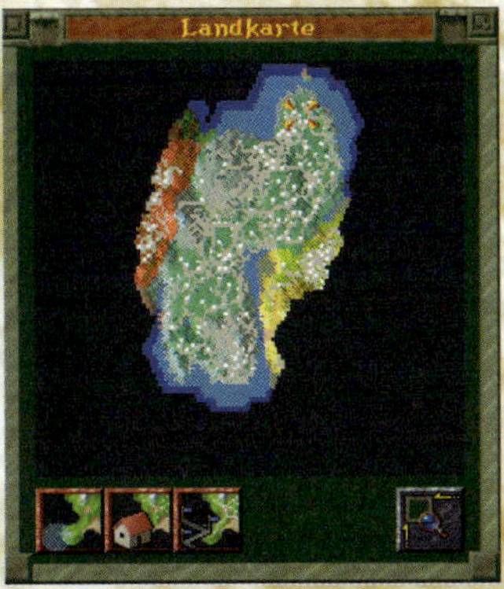


Das **Kartenfenster** informiert Sie über die von Ihnen erkundeten Gebiete und deren Status. Blau dargestellt wird das von Ihren Soldaten kontrollierte Land. Mit den vier Schaltern am unteren Rand des Kartenfensters verschaffen Sie sich einen Überblick über folgende Punkte:

- Mit dem ersten Icon legen Sie ein farbiges Raster über die Karte, das Ihnen die Besitzverhältnisse der Gegend verdeutlicht.
- Mit dem zweiten Knopf lassen Sie sich die Standorte Ihrer Gebäude anzeigen.
- Mit dem dritten überprüfen Sie Ihr Wegenetz optisch (»Schachbrettform«, dazu mehr im Abschnitt *Infrastruktur*).
- Button vier vergrößert beziehungsweise verkleinert das Kartenfenster.

Mit Hilfe der **Hauptauswahl** greifen Sie in das Gefüge der Siedlung ein. Ganz unten im Hauptauswahlfenster gelangen Sie durch Klick auf die Taste mit dem Monitor und der Diskette ins Optionsmenü. Hier vergnügen Sie sich mit technischen Dingen wie Laden, Speichern, Musik- und Soundlautstärke regulieren, »Lies mich«-Datei und Tastaturbelegungstabellen lesen, Audio-CD-Spieler oder Midi-Spieler aufrufen.

## Administrative Menüs

In der obersten Reihe der Hauptauswahl finden Sie drei Icons. Die Menüs dieser Icons lassen sich als **administrative Menüs** bezeichnen.

### Das Verteilungsmenü

Das linke Icon der obersten Reihe öffnet ein Fenster, mit dessen Hilfe der Spieler aktiv die Verteilung der verschiedenen Waren, für die mehrere Gebäudetypen potentielle Abnehmer sind, vornimmt. Angeordnet wie in einem Karteikasten finden Sie die verschiedenen Warentypen. Klicken Sie auf die entsprechende Lasche, können Sie auf der nun in den Vordergrund tretenden Seite die Belieferung der dazugehörigen Gebäudetypen durch einen verschiebbaren Balken steuern. Stellen Sie den Balken auf 100 Prozent, so werden alle Gebäude dieses Typs so lange beliefert, bis ihr Lagerbestand aufgefüllt ist. Die anderen Gebäudetypen werden währenddessen völlig vernachlässigt; sie werden erst (weiter)beliefert, wenn die hundertprozentige Versorgung der »primären« Gebäude sichergestellt ist. Sind alle Gebäudetypen nach den Anweisungen in diesem Fenster versorgt und ist noch eine Überproduktion vorhanden, wird diese in den Lagerhäusern untergebracht.

Die Handhabung dieses Menüs erfordert eine Portion Fingerspitzengefühl, da es recht schwierig ist, die optimale Stellung der Balken zu finden. Haben Sie beispielsweise drei Schmieden und eine Schlosserei, so meinen Sie vielleicht, daß es reicht, die Schlosserei mit fünfzig Prozent des Stahls zu bedenken – und stellen nach einer Weile fest, daß sie überhaupt nichts erhält, da erst die Schmieden, die ja auf einhundert Prozent stehen, beliefert werden. Grundsätzlich ist zu sagen, daß die Voreinstellungen nicht die schlechtesten sind. Anfänger sollten sich daher erst mal die anderen Menüs zu Gemüte führen. Fortgeschrittene Siedler hingegen sollten mit diesem Menü ein wenig experimentieren.

### Transportprioritätenmenü

Mit dem mittleren Icon in der ersten Reihe der Verwaltungsfunktionen legen Sie die Prioritäten für den Transport der verschiedenen Güter fest. Auch hier muß gesagt werden, daß die Voreinstellungen für ein Standardspiel nicht übel sind. Doch, einmal ehrlich: Wann läuft ein Siedlerspiel ohne Engpässe und Wirtschaftskrisen ab? Für solche Fälle, in denen schnelle Abhilfe gefragt ist, etwa wenn Mangel an Brettern an der Baustelle einer Wachhütte herrscht, die reiche Rohstoffvorkommen gegen die feindliche Grenze hin absichern soll, ist dieses Menü einfach existentiell. Die Transportarbeiter zwischen den Fähnchen gehen akribisch nach dieser Liste vor. Liegen mehrere Waren an einer Fahne zum Abtransport bereit, so wird die Liste gezückt und die Ware transportiert, die in der Liste ganz oben steht.

> Behalten Sie vor allem die Kohleverteilung im Auge. Kohle ist manchmal rar, und es nützt nichts, viele Goldmünzen in den Lagern zu haben (die Münzprägerei ist immer auf einhundert Prozent eingestellt), wenn Sie keine Soldaten mehr besitzen, die befördert werden könnten.

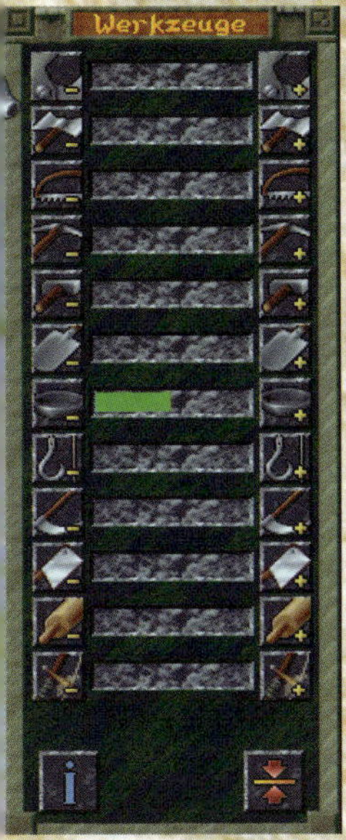


## Werkzeugproduktionsmenü

Werkzeuge sind die wichtigsten Güter in der ganzen Siedlung. Ohne Werkzeuge keine Arbeiter in den verschiedenen Berufen. Ohne Berufe keine Waren. Und ohne Waren keine Streitereien ums Ladenschlußgesetz. In diesem Menü regulieren Sie, welche Werkzeugarten von den Schlossereien vorrangig produziert werden sollen. Nicht alle Werkzeuge werden in großen Mengen benötigt. Schaffen Sie sich einen Vorrat von Werkzeugen an, und stellen Sie dann die Balken in diesem Menü auf 0 Prozent, um ihre Rohstoffe nicht unnötig durch Massen von Werkzeugen zu verschwenden. Bemerken Sie einen Mangel an einem bestimmten Werkzeug, so stellen sie den entsprechenden Balken kurzzeitig auf 100 Prozent.

> Wenn Sie keine Werkzeuge benötigen, stoppen Sie die Produktion des Werkzeugmachers zeitweise. Das Rohstofflager wird dabei trotzdem aufgefüllt. Benötigen Sie Werkzeug, kann gleich wieder losgelegt werden.

## Das Militär-Optionsmenü

Ein weiteres wichtiges Machtinstrumentarium ist das Militärfenster. Ihre Wachhütten sind fertig gebaut und werden nicht besetzt? Sie haben viele Soldaten und können trotzdem den Feind nicht angreifen? Diese und viele weitere Probleme lassen sich hier bereinigen. Mit sieben verschiedenen Balken regeln Sie die Werte für das Verhalten Ihrer Soldaten zwischen einem maximalen und einem minimalen Wert. Der erste Regler manifestiert die Rekrutierungsrate – in welchen Zeitintervallen wird ein Gehilfe oder auch arbeitsloser Siedler in Anwesenheit eines Fasses Bier (für die Abschiedsfete) und eines Waffenpaars (Schild und Schwert) zum Soldaten? Diesen Balken sollte man immer auf 100% lassen.

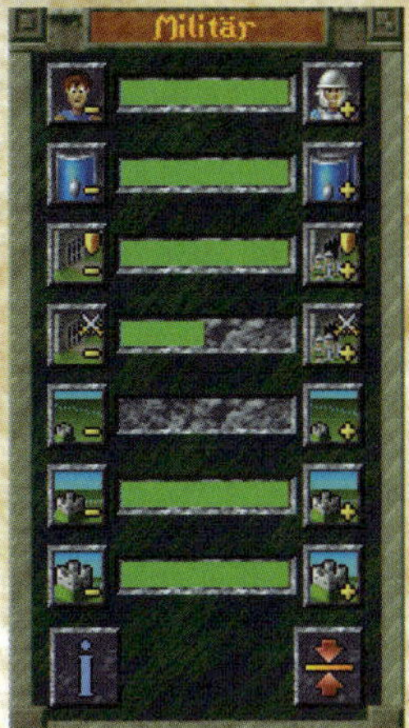


Die zweiten und dritten Regler beeinflussen das Verteidigungsverhalten der Soldaten im Falle eines gegnerischen Angriffs. Steht der zweite auf Maximum, so verteidigt der stärkste Soldat die Hütte als erster. Bei dessen Niederlage kommt der Zweitstärkste zum Zug und so weiter. Steht der dritte Regler auf Maximum, dann eilen im Falle eines Angriffes fast alle Soldaten aus den benachbarten Garnisonen und der angegriffenen Hütte den Angreifern entgegen. Diese Einstellung hat (mitunter) Vorteile, wenn etwa eine strategisch wichtige Hütte, die mit nur noch einem Soldaten besetzt ist, von einer großen Übermacht angegriffen wird. Es kann dadurch aber die kritische Situation entstehen, daß die nun sehr unterbesetzten Wachhütten der Nachbarschaft dem Gegner zum Opfer fallen.

> Die Stellung des Balkens bei fünfzig Prozent hat sich während der Aufbauphase bewährt. Wenn Sie später über besser ausgebildete Truppen verfügen und härtere Konfrontationen mit dem Gegner anstehen, sollten Sie die Einstellung bis auf 100 Prozent erhöhen.

Der vierte Balken regelt die Offensivkonstellation, sprich, wie viele Soldaten werden im Falle einer Offensive zur Verteidigung in den Hütten gelassen und wie viele Soldaten greifen an?

Die letzten drei Balken regeln die grundsätzliche Besetzung der Wachgebäude. Vor jedem Gebäude finden Sie eine Fahne. Ist diese Fahne weiß, so handelt es sich um ein Gebäude im Landesinneren. Hat sie einen zarten schwarzen Querstrich, so befindet es sich in mittlerer Entfernung zur Grenze. Die Gebäude mit einem dicken schwarzen Kreuz stehen in unmittelbarer Grenznähe und sind besonders gefährdet. Mit den drei Reglern legen Sie die prozentuale Besetzungsstärke in den drei Regionen Ihres Landes fest. Natürlich können Sie jederzeit die Grundeinstellung durch das Betätigen der Reset-Taste in diesem Fenster (nicht die an Ihrem Rechner!) wiederherstellen.

In der Anfangsphase des Spieles sollten Sie alle Soldaten in Wachgebäuden stationieren. Stellen Sie alle drei Regler der grundsätzlichen Belegung der Wachgebäude auf einhundert Prozent. Haben Sie einige Burgen gebaut und bei den kleineren Wachgebäuden die Goldeinlagerung gestoppt, wird die optimale Anzahl Soldaten mit den wenigen anfangs vorhandenen Münzen befördert. Sobald Ihre neuen Wachhütten nicht mehr besetzt werden, senken Sie langsam die Werte im Landesinneren bis auf 0. (Vergessen Sie nicht, die Goldeinlagerung bei den betroffenen Gebäuden zu stoppen!). Bei erneutem Mangel an Soldaten gehen Sie bei den Gebäuden mittlerer Entfernung genauso vor. Hier stellen Sie die Besetzung nicht ganz auf 0, weil der Gegner oftmals nicht nur die grenznahen Hütten, sondern auch die im Landesinneren angreift.

### Das Schiffahrtsregister

Wenn Sie über einen Hafen und eine Werft verfügen und ein Schiff hergestellt wurde, können Sie entweder durch Betätigen dieses Buttons oder durch direktes Anklicken des Schiffes das Schiffsregisterfenser öffnen. Hier sehen Sie die Art der Beladung des Schiffes und können durch Anklicken des Pfeilsymboles mit dem Anker jederzeit feststellen, zu welchem Hafengebäude das Schiff unterwegs ist. Außerdem besteht die Möglichkeit, zwischen den verschiedenen Schiffen hin- und herzublättern und somit immer genaustens über den Verkehr zwischen Ihren Kolonien im Bilde zu sein. Wenn Sie eine Expedition ausrüsten lassen und das Expeditionsschiff sich bereit gemeldet hat, finden Sie hinter dem Schiffssymbol einen oder mehrere Richtungspfeile, mit denen Sie den Grundkurs des Schiffes wählen. Das Schiff setzt sich dann automatisch in die besagte Richtung in Bewegung, erkundet die Karte auf dem Seeweg und sucht nach einem geeigneten Landeplatz.

Möchten Sie statt einer Landung jedoch weitersegeln, drücken Sie einfach erneut auf einen der Pfeile. Der Kapitän setzt Sie dann über einen neuen Landeplatz in Kenntnis. In jedem administrativen Fenster (außer im Schiffahrtsregister) finden Sie eine Taste, welche die von den Programmierern gewählte Voreinstellung wieder hervorzaubert.

## Die Statistikfenster

### Das allgemeine Statistikfenster

Die mittlere Reihe von Icons stellt die Statistikebene der Menüs dar. Der erste (linke) Button dieser Reihe öffnet ein Vergleichstatistik-Fenster, in dem Sie die verschiedenen Gegner statistisch erfaßt sehen. Neben

den Portraits der einzelnen Kriegsherren finden Sie hier ein Diagramm, welches das Potential der einzelnen Parteien in den verschiedenen Sparten (Haus- und Landbesitz, Einwohnerzahl, getötete Gegner und so weiter) anhand eines Graphen in der Farbe des betreffenden Spielers aufzeigt.

Beachten Sie die individuellen Eigenheiten Ihrer Gegner. Anhand der farbigen Punkte in den Portraits können Sie feststellen, welcher Kriegsherr mit welchem verbündet ist. Hat Gelb einen blauen und einen roten Punkt, so ist Gelb mit Blau und Rot verbündet. Greifen Sie einen solchen Gegner an, bekommen Sie es umgehend mit seinen Verbündeten zu tun.

Diese Informationen besitzen einen großen strategischen Wert, um zum Beispiel Ihre Reaktion den einzelnen Gegnern gegenüber zu planen. Gegen einen militärisch schwachen Kontrahenten läßt sich guten Gewissens ein Angriff wagen; bei einem sehr starken Gegner empfiehlt sich eher der Bau vieler Katapulte und ein gutes Gebet. Alternativ schwächen Sie den Gegner gezielt an seiner Achillesferse, schaden ihm auf einem Gebiet so lange, bis Sie sehen, daß seine, nehmen wir mal an, Goldproduktion, daniederliegt und somit seine Vormachtstellung auf diesem Gebiet beendet ist. Mit Hilfe der Zeittasten ändern Sie den Zeitraum des Diagramms und wählen sich so die optimale Darstellungsart.

## Das Warenstatistikfenster

Im nächsten Menü (zweiter Button) finden Sie eine vergleichende Analyse der Warenproduktion (Warenstatistik). Hier wird die Produktion der verschiedenen Waren Ihres Imperiums dargestellt. Klikken Sie einfach auf das Symbol der Ware, die sie darstellen möchten, und schon wird die Verlaufskurve dargestellt.

## Das Gebäudestatistikfenster

Im vorletzten Menü dieser Reihe finden Sie eine Auflistung aller möglichen Gebäudetypen und erhalten Informationen über die Anzahl der in Ihrer Siedlung fertiggebauten und im Bau befindlichen Gebäude. Sie wissen nicht mehr, wie viele Eisenschmelzen an einer bestimmten Stelle, die der Feind eingenommen hat, gestanden haben beziehungsweise ob Sie überhaupt noch eine Eisenschmelze besitzen? Dann schauen Sie doch einfach hier nach! Sie finden zwei Zahlen unter jedem Gebäudesymbol. Die linke zeigt die Anzahl der fertiggebauten Gebäude, die rechte die der im Bau befindlichen.

Wundern Sie sich nicht, wenn Sie in dieser Statistik zweimal die Eselzucht finden, aber die Eisenschmelze gar nicht als Gebäudetyp vertreten ist. Dieser Programmfehler der Version 1.00 wird durch ein Bugfix zu Version 1.02 behoben. Dieser Patch ist direkt bei Blue Byte zu beziehen, Sie können aber auch in einschlägigen Mailboxen nach einer Datei namens S2UPDATE.ZIP Ausschau halten.

## Die Statusfenster

Statusfenster geben Ihnen über die aktuelle Situation Ihrer Siedlung Auskunft. Die Werte werden ständig aktualisiert, so daß Sie verfolgen können, wenn zum Beispiel gerade je eine Einheit Kohle und Eisenerz in eine Einheit Stahl umgewandelt wurden.

### Das Inventurfenster

Das letzte Icon dieser Reihe öffnet das Inventurfenster. Dieses Menü kennen Sie schon als lokales Fenster einzelner Lagerhäuser. Der Unterschied besteht darin, daß hier alle überhaupt irgendwo eingelagerten/vorhandenen Waren und Personen gezählt werden. Hier stehen also alle Einheiten Kohle, die sich nicht auf dem Transport oder noch unter der Erde befinden. Eingeschlossen sind die Einheiten, die in den Schmieden oder Münzprägereien zur Verarbeitung liegen oder auch die Granitbrocken, die auf einem Katapult auf den Abschuß warten. Es kann Ihnen durchaus der Fehler unterlaufen, daß Sie vierzig Einheiten Granit in der Inventur lesen, und trotzdem bekommt Ihre einzige Baustelle kein Granit geliefert. Dann haben Sie sicher die zehn Katapulte vergessen, in denen natürlich die Steine unwiderruflich festliegen! Auch die Gesamtzahl der verschiedenen Berufsgruppen finden Sie in diesem Menü. Wissen Sie nicht, ob die Holzfällerhütte nicht besetzt wird, weil kein Holzfäller mehr zur Verfügung steht, oder er vielleicht schon unterwegs und nur noch nicht angekommen ist, dann sollten Sie einfach das Gebäudestatistikmenü nach der Anzahl der Gebäude befragen und diese dann mit der Gesamtzahl der Holzfäller vergleichen.

### Das Produktivitätsfenster

Die Produktivität wird unter dem entsprechenden Gebäudesymbol durch einen farbigen Balken dargestellt. In diese Darstellung fließen die Werte aller fertiggestellten (auch der unbesetzten!) Gebäude ein; die einzelnen Darstellungen umfassen also jeweils die Summe der Produktivität der einzelnen Wirtschaftszweige. Leuchtet der Balken **rot**, liegt mit der Produktion in diesem Gebäudetyp irgend etwas im argen, und Sie sollten sich schnellstens etwas Besseres einfallen lassen. Ist der Balken **orange**, bedeutet das Achtung – Sie sollten sich die Sache einmal näher betrachten. Ist der Balken schön **grün**, scheint alles in Ordnung zu sein, und Sie können sich beruhigt wieder Ihren Regierungsgeschäften zuwenden.

Die Produktivität ist natürlich von vielen Faktoren abhängig. Geraten Sie also wegen eines roten Balken nicht gleich in Panik! Es könnte durchaus sein, daß Sie gerade eine Eisenschmelze fertiggestellt haben, die aber noch nicht besetzt werden konnte. Natürlich sinkt dann die Produktivität des Wirtschaftszweiges von hundert (eine Schmelze) auf fünfzig Prozent (eine Schmelze 100 %, die andere 0 %).

Zurück zur Menüleiste des Hauptbildschirms. Die **Bauhilfsfunktion**, das dritte Icon, ist ja schon mit kurzen Worten erläutert worden. Es handelt sich um die Anzeige sämtlicher Bauplätze und ihrer Größe als gelbe Häusersymbole auf der Karte.

Das letzte Icon stellt die Anzahl der vorhandenen **Nachrichten** dar. Ist eine neue Nachricht eingetroffen, sehen Sie die Brieftaube im Fenster und hören ihr Gurren. (Im Computerzeitalter mag uns das hinterwäldlerisch erscheinen, aber Bieftaubenpost ist bei weitem pünktlicher, zuverlässiger und vor allem billiger als die Deutsche Post AG und ein beliebter Weg des Nachrichtentransports bei geheimen Militäroperationen in unwegsamem Gelände.) Durch Drücken des »->•«-Buttons (oder der Taste »G«) gelangen Sie direkt an den Ort des Geschehens. Mit der »Mülleimer-Taste« löschen Sie die aktuelle Nachricht. Es werden bis zu 20 Nachrichten gespeichert, bei jeder weiteren Nachricht wird die älteste automatisch gelöscht.

In diesem Fenster können Sie die Nachrichten gefiltert lesen. Die obere Buttonreihe gibt Ihnen die Möglichkeit, zwischen Nachrichten der Geologen, Post vom Militär und wirtschaftlichen Nachrichten zu wählen. Die Schriftrolle auf dem ersten Icon verdeutlicht die Summe aller Nachrichten. Weiterhin können Sie Ihren aktuellen Auftrag abrufen.

# Elemente Ihrer Siedlung

Nachdem wir Sie nun mit dem Aufbau, den Fenstern und der Steuerung des Spieles vertraut gemacht haben, kommen wir nun zu den eigentlich spielbestimmenden Elementen. Als erstes wollen wir Ihnen eine kurze Einführung in die Nutzung der verschiedenen Gebäudetypen und den richtigen Ausbau der Infrastruktur geben.

## Die Gebäude und Berufe

Eine jede Siedlung, jede Stadt und jedes Dorf bestehen zu einem Großteil aus den verschiedensten Gebäuden. Meistens wird es sich in der Realität um Wohngebäude handeln; nur ein geringer Prozentsatz sind wirtschaftlich genutzte Gebäude. Nun aber spielt »Die Siedler II« nicht in der Jetztzeit, und wir wollen auch nicht über Realitätsnähe und praktischen Nährwert von Computerspielen diskutieren (Sie haben ja kein Buch über *AutoCAD* vor sich), deshalb hat jedes Gebäude in unserer Siedlung einen bestimmten Nutzwert. Wohngebäude im engeren Sinne gibt es nicht, jeder Handwerker wohnt in dem Gebäude, in dem er arbeitet. Um die Soldatenschar brauchen Sie sich erst recht keine Sorgen zu machen; es ist allgemein bekannt, daß das Soldatenleben schon immer eins der besch...eidensten war. Die übrigen Menschen laufen entweder auf den Wegen in Ihrem Reich herum oder warten in den Lagerhäusern auf eine Beschäftigung.

Schalten Sie mit der Leertaste oder durch einen Mausklick auf das entsprechende Symbol die Bauhilfsfunktion ein, sehen Sie innerhalb Ihrer Siedlungsgrenzen, wo Sie überhaupt einen Bauplatz besitzen, um einen der drei Gebäudetypen errichten zu können. Es gibt vier Gebäudekategorien: klein, mittel, groß und Bergwerke. An den verschiedensten Stellen können Sie Fähnchen plazieren. Klicken Sie auf eins der (einen Bauplatz bezeichnenden) Bauhilfssymbole, erscheint ein lokales Baufenster, in welchem Sie wieder nach dem Karteikastenprinzip in der ersten Zeile zwischen bauen, Fahne plazieren und Beobachtungsfenster öffnen wählen können sowie in der zweiten Zeile zwischen den möglichen Gebäudegrößen. Sobald Sie die entsprechende Größe gewählt haben, werden die möglichen Gebäudetypen als kleine Symbole angezeigt. Nun klicken Sie auf das zu errichtende Gebäude. Schon erscheint das Fundament auf der Spielfläche, und ein kleiner Baumeister (bei großen Gebäuden vorher noch ein Planierarbeiter) macht sich aus einem Lager auf den Weg zu der geplanten Baustelle. Das erforderliche Baumaterial wird angeschleppt, und der Baumeister beginnt mit seiner Arbeit. Die Bauzeit und der Materialaufwand sind für die verschiedenen Gebäude unterschiedlich. In der folgenden Aufzählung werden die Gebäudegröße (benötigter Bauplatz), Art der Gebäude, Bewohner (Beruf), Zahl der zum Bau benötigten Einheiten Holz und Stein sowie das erzeugte Produkt berücksichtigt.

## Produktive Gebäude

Als Grundlage für eine jede Siedlung dienen die Gebäude, die Baumaterial erzeugen. Dazu zählen Holzfällerhütten, Försterhütten, Steinbrüche, Granitbergwerke und Sägewerke. Die

»holzverarbeitende Industrie« sollte, um lange Transporte zu vermeiden, in einem großen Waldgebiet gruppiert werden. Da die Förster wesentlich schneller arbeiten als ihre destruktiven Kollegen, die Holzfäller, sollten Sie einen Förster für zwei bis drei Holzfäller einplanen. Drei Holzfäller lasten (günstige Transportbedingungen vorausgesetzt) ein Sägewerk aus.

### Die Holzfällerhütte

Dieses Gebäude ermöglicht es einem Holzfäller, seinem Handwerk nachzugehen. Es benötigt einen kleinen Bauplatz und lediglich zwei Stapel Bretter für seine Errichtung. Der Holzfäller schlägt sämtliche Bäume in der näheren Umgebung und legt die geschlagenen Stämme vor seiner Haustür ab. Diese bilden, nachdem sie im Sägewerk zu Holzbrettern verarbeitet wurden, die Grundlage für sämtliche Gebäude sowie für die Erzeugung neuer Werkzeuge. Holzfäller brauchen für die Ausübung ihres Jobs nur eine scharfe Axt. Sie sollten die Hütten in unmittelbarer Nähe eines Waldes errichten und für ausreichend nachwachsende Bäume (Förster) sorgen. Aber auch zum Befreien und Kultivieren der übrigen Landschaft lohnt sich der zwischenzeitliche Einsatz von Holzfällern, um einzelnen Bäumen, die nur unnötig Bauplatz blockieren, den Garaus zu machen. Da die Hütte im Vergleich zu anderen Gebäuden recht preiswert ist, kann sie nach getaner Arbeit getrost abgerissen werden. Der Holzfäller wartet dann im nächsten Lagerhaus auf weitere Einsätze.

Um die Förster daran zu hindern, außerhalb dieses Gebietes ihre Bäume zu pflanzen und so wertvolles Bauland zu blockieren oder gar einen Bauern an der Aussaat zu hindern, plazieren Sie die Förster in der Mitte und die Holzfäller am Rand der Fläche. Unter Umständen verbauen Sie so einem allzu aufdringlichen Gegner den Weg mit Bäumen. Das bedarf aber einer genauen Planung und eines guten Timings.

Als Mittel der passiven Kriegsführung und Verteidigung eignen sich Förster ausgezeichnet, um auf längere Sicht den Gegner an seiner Ausbreitung zu hindern. Ist die Grenze des Gegners in Sicht, und Sie wollen sich nicht in dieser Richtung ausbreiten, plazieren Sie einfach ein paar Förster, und der Gegner sieht den Wald vor lauter Bäumen nicht mehr. Er muß nun alle Kräfte mobilisieren, um den Wald zu bekämpfen. So gewinnen Sie Zeit, zumal diese Art der Verteidigung in einem Mehrspieler-Spiel äußerst amüsant ist. (Ein paar Flüche über die »lausigen Bäume« sollten Sie mit einem Schmunzeln quittieren.) Der Förster braucht für die Waldhege und Pflege eine Schaufel als Werkzeug.

**Förster** und **Holzfäller** sollten immer in unmittelbarer Nähe (mindestens) eines Sägewerkes plaziert werden, um die Transportwege so kurz wie möglich zu halten. Es hat sich bewährt, ein Gebiet ausschließlich zur intensiven Holzproduktion zu nutzen, das heißt, mehrere Holzfäller und Förster in einem Gebiet zu plazieren, wobei ein Verhältnis von 2:1 zwischen beiden empfehlenswert ist.

### Die Försterhütte

Für dieses kleine Gebäude sind ebenfalls nur zwei Stapel Bretter notwendig. Der Förster nutzt jeden freien Platz in der Umgebung, um ein Bäumchen zu pflanzen, das in kurzer Zeit zu einem fällreifen Baum heranwächst. Ist nicht genügend freier Platz vorhanden, kann der Förster keine weiteren Bäume pflanzen, und seine Produktivität geht zurück.

### Der Steinbruch

Treffen Sie bei der Expansion Ihrer Siedlung auf weiße Granitfelsen, können Sie in deren

Nähe einen Steinmetz beauftragen, einen Steinbruch zu errichten. Auch wenn seine Hütte eine Strecke von den oberirdischen Granitvorkommen entfernt ist, schultert er munter seine Spitzhacke und baut die wichtigen Steine ab. Von den Felsen blockiertes Bauland wird somit freigegeben, und zudem wird Baumaterial gewonnen. Die Steinbruchhütten benötigen ebenfalls zwei Stapel Holz für ihren Bau und haben gegenüber den Bergwerken den Vorteil, daß für die Versorgung keinerlei Nahrungsmittel nötig sind. Ist die Ressource allerdings zu weit entfernt oder erschöpft, erscheint eine entsprechende Nachricht, und Sie sollten die Hütte abreißen lassen.

### Granitbergwerke

Das Granitbergwerk kann – wie alle anderen Bergwerkstypen – nur in den Gebirgsregionen errichtet werden. Die gekreuzten Hammer geben im Bauhilfsmodus Auskunft über geeignete Bauplätze. Zur Errichtung eines jeden Bergwerkes sind vier Einheiten Holz nötig. Für jeden geförderten Stein verlangen die Bergarbeiter eine Einheit Nahrungsmittel. Auch die Bergarbeiter brauchen, wie ihre oberirdischen Kollegen, eine Spitzhacke, um den Rohstoffen unter Tage zu Leibe rücken zu können. Da es zumeist genügend oberirdische Steine gibt, sollten Sie nur im Notfall auf die Granitbergwerke zurückgreifen, um wertvolle Nahrungsmittel zu sparen.

### Das Sägewerk

Hier werden die von den Holzfällern geschlagenen Stämme vom Schreiner mittels einer Säge zu Brettern verarbeitet. Das Sägewerk sollte eines der ersten errichteten Gebäude sein und sich in unmittelbarer Nähe der Holzfäller befinden. Es benötigt einen mittelgroßen Bauplatz, zwei Einheiten Bretter und zwei Einheiten Stein. Ein weiterer wichtiger Aspekt der Siedlung ist die Erzeugung von genügend Nahrungsmitteln für die Versorgung der Bergwerke. Die hierzu benötigten Gebäude lassen sich in Zulieferbetriebe (Bauernhof, Schweinezucht) und Nahrungsgüterproduzenten (Metzger, Bäcker, Fischer, Jäger und im engeren Sinne die Bierbrauereien) sowie Aufbereitungsanlagen (Mühlen) unterteilen. Als Zulieferer für die Schweinemast, Eselzucht und die Bäckereien spielen noch die Brunnenhäuschen eine große Rolle in dieser Sparte.

> Um eine optimale Auslastung der Sägewerke auf Dauer zu erreichen, empfiehlt es sich, zwei Holzfäller und einen Förster eine Sägemühle versorgen zu lassen.

### Die Eselzucht

Zur Eselzucht und der Bedeutung der Esel werden wir noch in einem separaten Kapitel einige Worte verlieren. Zu ihrem »Bau« sind je drei Einheiten Holz und Granit nötig. Oft reicht für ein mittelgroßes Reich ein Gebäude dieser Art aus. Um jedoch immer genügend Reserven in den Lagerhäusern zu haben und auch Kolonien mit Eseln zu versorgen, sollten Sie bei ausreichend vorhandenen Getreideressourcen ein zweites Gebäude errichten. Der Eselzüchter benötigt für die Zucht eines Esels einen Eimer Wasser und ein Bund Getreide.

### Der Bauernhof

Als großes Gebäude benötigt der Bauernhof relativ viel Platz allein für die Produktionsanlage sowie je drei Einheiten Holz und Stein. Der hier lebende Bauer kann (je nach zusätzlichem Platzangebot) bis zu sechs Felder bewirtschaften. Was wäre jedoch der beste Bauer ohne sein Werkzeug, die Sense? Wohl nur ein halber Mensch. Um ihn bei der Ausübung seiner Arbeit nicht zu behindern, sollten Sie um sein Anwesen möglichst viel Platz lassen. Hat er dann alle Felder angelegt, führen Sie die Wege sorgfältig um das Gebiet herum. Im Unterschied zu »Die Siedler« ist ein Bauer ein wenig unproduktiver. Sie benötigen für die Versorgung eines Schweinehofes mit ausreichend Getreide durchaus zwei oder drei Bauernhöfe. Richten Sie sich also darauf ein, möglichst jeden freien Platz mit einem Bauernhof zu besetzen. Grünes Land ist produktiver als Halbwüste!

### Die Schweinefarm

Für die Farm sind wiederum ein großer Bauplatz und je drei Einheiten Stein und Bretter nötig. Jedoch beansprucht die Schweinezucht keinen Platz für irgendwelche Freigehege. (Auch damals gab es also schon Mastanlagen auf engstem Raum!) Der Schweinezüchter benötigt kein spezielles Werkzeug zur Ausübung seines Berufes. Er marschiert einfach ab und zu nach draußen, füllt Futter oder Wasser in den Trögen nach oder bringt ein schlachtreifes Schwein ans Tageslicht. Zur Versorgung der Schweine sind Wasser und Getreide nötig.

### Der Brunnen

Als Zulieferer für die Nahrungs- und Genußmittel-Produktion sind die Brunnen ein äußerst wichtiger Faktor für eine gut florierende Wirtschaft. Wasser zu finden, ist in trockenem Gelände gar nicht so einfach. Am besten, Sie schicken an den verschiedensten Stellen im Flachland die Geologen auf Erkundungstour und warten auf ihre Diagnose. Auf blumenreichen grünen Wiesen findet sich garantiert Wasser. Sie sollten versuchen, die Brunnen in unmittelbarer Nähe der Endverbraucher zu bauen, da der Transport von Wasser aufgrund seiner geringen Transportpriorität immer wieder zu einem Problem über große Distanzen hinweg wird. Da ein Brunnenhäuschen lediglich einen kleinen Bauplatz, zwei Stapel Bretter und einen Gehilfen benötigt, ist es kein Problem, vor jedem Wasserabnehmer direkt einen Brunnen zu bauen.

### Die Mühle

Entgegen unserer anfänglichen Befürchtungen – wir erwähnten es schon – brauchen Mühlen keinen besonders »windgünstigen« Standort. Ein bis zwei, bei ungünstiger Lage auch drei Bauernhöfe lasten eine Mühle aus. Sie benötigt einen mittleren Bauplatz sowie je zwei Stapel Bretter und Steine. Der Müller ist ein gemütlicher Mann, der meistens vor seiner Mühle ein Nickerchen macht. Bei so einem herrlichen Job braucht er auch kein besonderes Werkzeug. Das gemahlene Getreide (man könnte auch Mehl dazu sagen) gelangt dann auf schnellstem Wege in die Bäckereien.

### Die Bäckerei

Für die mittelgroßen Bäkkereien werden je zwei Blöcke Granit und zwei Stapel Bretter benötigt. Der Bäcker, dessen Werkzeug das Nudelholz ist, stellt aus jeweils

> Für die optimale Versorgung der Bäcker und Fleischer hat sich folgendes Verhältnis bewährt: Zwei Bauern versorgen eine Mühle ausreichend mit Getreide; eine Mühle und ein Brunnen versorgen einen Bäcker. Zwei Bauernhöfe und ein Brunnen versorgen eine Schweinemastanlage. Diese Anlage versorgt einen Metzger.

einem Sack Mehl und einem Eimerchen Wasser einen Laib Brot her. Zur ausreichenden Versorgung mit Mehl und Wasser haben sich jeweils eine Mühle und ein Brunnen bewährt.

### Die Fleischerei

Wie schon die Bäckerei, benötigt die Baubranche eine mittelgroße Baustelle sowie je zwei Stapel Steine und Holz. Der Fleischer (oder auch Metzger genannt) braucht für die Ausübung seines blutigen (aber im Ergebnis sehr schmackhaften) Handwerkes ein äußerst stabiles Metzgerbeil. Da ihm die Arbeit relativ zügig von der Hand geht, wird er mit der Produktion von zwei bis drei Schweinefarmen fertig.

### Das Jagdhaus

Das kleine Jagdhaus ist hervorragend geeignet, um sich auf unkompliziertem Wege (sprich ohne Zwischenstufen) einen kleinen Nahrungsmittelvorrat schon vorab anzulegen. Es ist schnell aus zwei Stapeln Brettern zusammengesetzt, und der Jäger hat auch einen großen Aktionsradius. Dabei wagt er sich mit seinem Bogen auch in noch nicht besetzte Gebiete und auf feindliches Territorium vor. Grundsätzlich können Sie davon ausgehen, wo unberührter Wald ist, finden Sie auch Wild. Jedoch ist diese Reservoir nicht unerschöpflich; der Wildbestand regeneriert sich außerdem nur sehr langsam. Wenn Sie einen Wald abholzen möchten, um Platz für neue Gebäude zu gewinnen, sollten Sie zuvor diese Ressource abschöpfen. Haben Sie ein spezielles Holzverarbeitungsgebiet errichtet, vergrößern Sie es doch ein wenig und pflanzen Sie mehr Bäume, als Ihre Holzfäller fällen können. In diesem Wald sollte sich ein gesunder Wildbestand ergeben, den sie von Zeit zu Zeit ein wenig dezimieren können (Jäger in der Regenerationsphase »deaktivieren«). Als alleiniger Nahrungsmittelproduzent eignen sich die Jagdhütten jedoch nicht. (Besonders witzig ist es, daß der Jäger auch die blökenden Schafe als Wild betrachtet und zu Schinken verarbeitet.)

### Die Fischerhütte

Ein möglichst großes offenes Gewässer und ein Angelhaken, das sind die Voraussetzungen für den Bau einer Fischerhütte. Fische sind eine wertvolle Nahrungsressource, deren Bedeutung wir nicht genug hervorheben können. Wie schon beim Jäger ohne Umwege und (im Gegensatz zum Jäger) zudem in ausreichendem Maße zur Verfügung stehend, sind sie eine nicht zu unterschätzende Hilfe für die gestreßten Landwirte und Nahrungsmittelproduzenten. Praktisch an jedem Meeresküstenabschnitt lassen sich große Mengen Fisch aus dem Wasser holen. Sind die Fanggründe erschöpft, erhalten Sie eine entsprechende Meldung.

> Ein Nahrungsmittelproduzent kann zwei Bergwerke versorgen.

### Die Brauerei

Eingedenk des Leitsatzes »Das Bißchen, was wir essen, können wir auch trinken« und der Tatsache, daß sich militärischer Dienst im betrunkenen Zustand am leichtesten ertragen läßt, stellen Sie als oberster Dienstherr Ihrer Siedlertruppen jedem Rekruten ausreichend Bier (sprich: ein Faß) zur Verfügung. (In diesem Zustand lassen sich junge Leute häufig leichter zu einem Himmelfahrtskommando oder zum Militärdienst überreden.) Die staatlich überwachte Braue-

Behalten Sie die Bierproduktion im Auge! Haben Sie genügend Bier in den Lagern (rund einhundert Einheiten reichen fürs erste), sollten Sie die Produktion stoppen, um das Extra-Getreide der Nahrungsmittelgewinnung zuzuführen.

rei benötigt einen mittelgroßen Bauplatz und je zwei Einheiten Holz und Stein. Der Brauer verwandelt Getreide und Wasser innerhalb kürzester Zeit in Bier. Nun haben wir die Grundlage für den spezialisiertesten Teil der Siedlerwirtschaft geschaffen und können uns der metallverarbeitenden Industrie zuwenden. Auch hier unterscheiden wir wieder zwischen Lieferbetrieben, Aufbereitungsanlagen und Produktveredelungsanlagen.

### Bergwerke

Die Lieferbetriebe, hier Bergwerke genannt, werden auf speziellen Bauplätzen in gebirgigen Landesteilen errichtet. Dafür sind vier Stapel Bretter nötig. Ist der Bergmann mit seiner Spitzhacke eingefahren, werden Nahrungsmittel ins Bergwerk gebracht. Die Produktion beträgt pro Nahrungsmitteleinheit eine Einheit Rohstoffe. Wir unterscheiden zwischen vier Bergwerkstypen: den schon aufgeführten Granitbergwerken, den Eisenerzbergwerken, den Goldbergwerken und den oft alles entscheidenden Kohlebergwerken.

### Die Eisenschmelze

Die Eisenschmelze ist ein mittelgroßes Gebäude und dient der Metallaufbereitung. Für ihren Bau sind je zwei Einheiten Holz und Stein erforderlich. Als Produkt liefert sie Stahlblöcke, die dann in Schlosserei und Schmiede weiterverarbeitet werden können. Der Schmelzer benötigt einen Schmelztiegel.

Sie werden schon bald merken, wie wichtig es ist, vor allem die Kohleförderung im Auge zu behalten und auch im Verteilungsmenü mit besonderer Sorgfalt die Verteilung der Kohle handzuhaben. Drei der weiterverarbeitenden Betriebe benötigen Kohle. Der Aufwand an Kohle bei den verschiedenen Produkten ist wesentlich höher als etwa der Aufwand von Eisenerz. Hier ein simples Rechenbeispiel:

| | | |
|---|---|---|
| 1 Eisenerz + 1 Kohle | 1 Stahl | (1 Kohle, 1 Eisenerz) |
| 1 Stahl + 1 Kohle | 1 Schild | (2 Kohle, 1 Eisenerz) |

Ein Soldat benötigt aber (außer dem Bier) ein Schild und ein Schwert, also:

| | | |
|---|---|---|
| 1 Eisenerz + 1 Kohle | 1 Stahl | (3 Kohle, 2 Eisenerz) |
| 1 Stahl + 1 Kohle | 1 Schwert | (4 Kohle, 2 Eisenerz) |

Das heißt, es wird im Vergleich zu Eisenerz doppelt soviel Kohle benötigt. Bei der Goldgewinnung beträgt das Verhältnis Kohle zu Gold 1:1. Insgesamt benötigt Ihre Siedlung rund anderthalbmal so viel Kohle wie Metallerze.

### Die Schmiede

Die Schmiede, oder besser gesagt die Waffenschmiede, ist, wie der Name schon sagt, der Produktionsort der Ausrüstung der Soldaten. Der Waffenschmied ist ein Künstler im Umgang mit seinem Schmiedehammer, der alternierend Schwerter und Schilde produziert. Zur Errichtung der Schmiede sind ein mittelgroßer Bauplatz sowie je zwei Einheiten Holz und Granit nötig.

### Die Münzprägerei

Zur Verarbeitung des Golderzes in eine für die Siedlung nutzbare Form wird es vom Münzpräger mittels seiner Schmelzpfanne eingeschmolzen und dann zu Münzen geprägt. Auch hier sind ein mittelgroßer Bau-

Da nicht nur die Schmieden, sondern auch die Schlossereien Stahl benötigen, ist es ratsam, ausreichend Eisenschmelzen zu bauen. Je schneller die Rohstoffe verarbeitet sind, desto besser stehen die Chancen auf einen Sieg. Empfehlenswert sind bei mittleren Landesgrößen drei Eisenschmelzen, zwei Waffenschmieden und eine Schlosserei.

Waffenschmieden sollten die gleichen Lager beliefern wie die Brauereien (dazu später mehr).

Schützen Sie die goldverarbeitenden und -produzierenden Gebäude so gut Sie können! Verarbeiten Sie das Gold lieber ein Stück weiter im Hinterland, und nehmen Sie die längeren Transportwege in Kauf.

platz, möglichst in der Nähe der Goldbergwerke, sowie je zwei Einheiten Holz und Stein nötig.

### Die Werft

Zur Verbesserung der Infrastruktur besteht die Möglichkeit, Schiffe und Boote zu zimmern. Der Schiffsbauer baut mit Hilfe eines Hammers und je nach Auftragslage Boote und Schiffe. (Unter Nutzung des zusätzlichen Icons am unteren Rand des lokalen Fensters können Sie wahlweise Boote oder Schiffe herstellen lassen.) Für Boote benötigt er einen Stapel, für hochseetüchtige Schiffe dreizehn Stapel Bretter. Die Werft beansprucht einen mittelgroßen Bauplatz in der Nähe des Meeres, zwei Stapel Bretter sowie drei Granitblöcke für ihren Bau. (Im Handbuch ist die Rede von einem großen Bauplatz. Bei der von uns verwendeten Version 1.02 verhalten sich die Daten dem obigen Text entsprechend.)

Sie können eine Werft auch ohne Hafengebäude bauen. Dann ist aber nur die Produktion von Booten möglich! Stoppen Sie die Produktion, wenn Sie genügend Boote in den Lagern haben. Jede zusätzliche Nußschale ist Holzverschwendung!

### Hauptgebäude, Hafen und andere Lagerhäuser

Ein Sonderstellung nehmen die verschiedenen Lagerhäuser bei »Die Siedler II« ein. In ihnen werden alle zur Zeit nicht gebrauchten Waren, Werkzeuge und Personen verstaut. Über die Auslagerungsfunktion lassen sich, im Unterschied zu »Die Siedler«, alle Waren einzeln auslagern. Es ist auch möglich, deren Einlagerung einzeln zu verhindern. In einem Fall funktionierte bei uns diese Funktion überhaupt nicht. In Level 6 wurden trotz unseres ausdrücklichen Verbots der »Einlagerung« von Soldaten in unser Hafengebäude ausnahmslos alle freien Soldaten in das Hafengebäude »eingelagert«. Die Wege waren natürlich sehr weit, und es dauerte ewig, bis die Soldaten von hier aus in die entlegensten Winkel gelangt waren. Da dies trotz genügend Lagerhäuser in allen Gebieten geschah, vermuten wir, daß es sich um einen Fehler handelt. In der Regel funktioniert die Funktion wunderbar.

Zum Bau der Hafengebäude benötigen Sie einen großen Bauplatz, der mit einem Anker in der Bauhilfsansicht gekennzeichnet ist. An Ressourcen verschlingt ein Hafen vier Stapel Holz und sechs Einheiten Granit. Ein normales Lager beansprucht einen mittleren Bauplatz sowie je drei Einheiten Steine und Bretter.

Da alle einmal eingelagerten Gegenstände so lange im Lager bleiben, bis sie angefordert werden, sollten Sie diese Maßnahme schon frühzeitig ergreifen und so die Lagerbestände immer in sicherer Entfernung zur Grenze und

Reduzieren Sie die Anzahl der das Hauptgebäude bewachenden Soldaten auf drei Generäle. Erstens können dann die freigewordenen Soldaten in den übrigen Wachgebäuden befördert werden, und zweitens nutzen Ihnen im Fall der Vernichtung bis auf das Hauptgebäude, auch fünfzig Generäle im Hauptgebäude gar nichts, da Sie vom Hauptgebäude aus keinen Angriff starten können.

gut bewacht, aber doch kontinuierlich mit der Erweiterung der Siedlung mit verlagern. Alle nicht benötigten Soldaten und andere Personen werden in den Lagern beherbergt. Sind die Lager schön gleichmäßig im Lande verteilt, können Sie mit einer schnellen Besetzung der Wachhütten und aller anderen Gebäude rechnen.

Das Hauptgebäude ist das erste Gebäude, das Sie besitzen. In ihm befindet sich ein Grundstock an Menschen, Werkzeugen und Waren, mit denen Sie beginnen, Ihre Siedlung aufzubauen. Wenn Sie auf das Hauptgebäude klicken und mit dem Buchsymbol zwei Seiten weiterblättern, können Sie eine Wachmannschaft für Ihr Hauptgebäude zusammenstellen. Als Grundeinstellung befindet sich von jeder Soldatenkategorie ein Soldat im Gebäude. Sie sollten das Gebäude auch von außen für den Ernstfall gut bewachen lassen.

Sie sollten Ihr Reich so mit Lagerhäusern bestücken, daß Sie stets eins auf dem Monitor sehen können, egal wie Sie die Karte verschieben. Wenn Sie beginnen, Ihr Reich in eine Richtung weiter auszudehnen, Ihre Hauptburg aber sozusagen am anderen Ende der Welt steht, sollten Sie die Lagerhäuser auf der »ruhenden Seite« der Siedlung auf »Auslagerung« stellen, damit nicht jeder angeforderte Stein erst durch das halbe Reich geschleppt werden muß.

## Militärische Gebäude

Zu den militärischen Einrichtungen gehören neben den verschieden großen Wachgebäuden die Spähtürme und Katapulte. Alle Wachgebäude dienen der Erweiterung Ihres Siedlungsgebietes und der Verteidigung Ihres Territoriums. Errichten Sie ein neues Gebäude im Grenzbereich, erweitert sich mit dem Eintreffen des ersten Soldaten Ihr Reich je nach Größe des Gebäudes. (Lesen Sie am besten dazu auch unsere Ausführungen zu »Die Siedler«.)

### Die Baracke

In den Baracken können bis zu zwei Soldaten stationiert sein. Zum Bau werden zwei Einheiten Bretter und ein kleiner Bauplatz benötigt.

### Die Wachhütte

Die Wachhütte kann bis zu drei Soldaten beherbergen. Als Bauvoraussetzung sind ein kleiner Bauplatz und zwei Einheiten Bretter sowie drei Granitbrocken einzuplanen.

### Der Wachturm

Wachtürme stellen Platz für bis zu sechs Soldaten zur Verfügung. Zum Bau benötigen Sie einen mittelgroßen Bauplatz und drei Stapel Bretter sowie vier Einheiten Granit.

### Die Festung

In einer Festung finden bis zu neun Soldaten Platz. Ein großer Bauplatz, vier Stapel gesägtes Holz und sieben Einheiten Granit müssen von den Siedlern herangeschleppt werden.

### Der Spähturm

Der Spähturm ist eine recht nützliche Neuerung von »Die Siedler II«. Mit Hilfe eines Spähturmes lassen sich zum Beispiel feindliche Gebäude hinter Gebirgszügen oder Meeresarmen recht gut auskundschaften. Auch hat ein Spähturm direkt an der Grenze eine größere Reichweite als der schnellste Späher. Da Sie nur feindliche Gebäude angreifen können, die Sie auch sehen, sollten Sie vor dem Start einer Offensive auf jeden Fall einen Spähturm setzen, um möglichst viele Hütten anzugreifen und so die feindlichen Truppen förmlich zu überrennen. Zum Bau eines Turmes sind ein kleiner Bauplatz sowie drei Bretter nötig.

### Das Katapult

Katapulte sind als Präventivmaßnahme wunderbar einzusetzende Gebäude. An der Grenze errichtet, schießen sie auf jedes in ihrer Reichweite liegende Militärgebäude. Jeder volle Treffer reduziert die Anzahl der stationierten Soldaten um eins. Ist das Gebäude leer, so brennt es ab. Als Faustregel für die Treffergenauigkeit gilt: Weit entfernte Gebäude werden nicht beschossen. Gebäude an der Grenze der Reichweite stecken nur sehr selten wirkungsvolle Treffer ein. Optimal sind Entfernungen von rund ein bis drei Gebäuden (Abstände von Gebäude zu Gebäude). Aber auch Geländeunebenheiten, Gebirge und Wälder können die Trefferquote deutlich senken. Für ein Katapult werden vier Bretter und zwei Blöcke Granit sowie ein mittelgroßer Bauplatz benötigt.

Stellen Sie an der Grenze eines starken Gegners ein bis drei Katapulte auf und die Versorgung mit ausreichend Granit sicher. Da der Computer Katapultangriffe nicht als feindselige Handlung betrachtet und somit auch keine Gegenangriffe startet, können Sie seiner Armee somit großen Schaden zufügen, da pro Volltreffer die Besatzung der feindlichen Gebäude um einen Soldaten *unabhängig seines Ranges* reduziert wird.

## Infrastruktur

»Stau, welch gräßliches Wort« hörte ich (G.B.) bei einer Fete eine mir bis zu diesem Zeitpunkt unbekannte Studentin sagen. Sie machte einen sehr lustigen Eindruck und war auch nicht gerade häßlich anzusehen. (Hallo Irene!) Nun ja, ich wußte noch nicht, worauf ich mich mit meinen folgenden Worten einließ. Ich erinnere mich nicht mehr genau, ich glaube, ich machte einige spöttische Bemerkungen über Autofahrer, die sich über Staus echauffieren, wenn sie die hundert Meter bis zum Bäcker mit dem Auto fahren, in einen Stau geraten und dann inklusive Parkplatzsuche und Einparken rund eine Stunde unterwegs sind. Plötzlich wähnte ich mich jedoch im falschen Film, angesichts zweier völlig verständnisloser Blicke. Mein Gesicht muß wohl gar zu köstlich gewesen sein, denn ein helles Lachen ging über ihr hübsches Gesicht. »Isch Oabe gar kein Auto«, zitierte sie Angelo aus der Nescafé-Werbung. »Wir quatschen über ein Computerspiel.« Das hatte ich nicht erwartet, ja bis dato hatte ich mir nicht einmal eine Vorstellung über weibliche Computerspieler gemacht. (Zum Glück arbeiten Lektorin und Korrektorin einige hundert Kilometer weit weg, sonst hätten sie mir vielleicht jetzt das Manuskript über den Kopf geschlagen.) Ich hatte immer gedacht, wenn es wirklich Mädchen gibt, die leidenschaftlich Computerspiele zocken, dann müßten die zumindest ganz schrecklich häßlich sein. So kann man(n) sich irren. Für diesen sträflichen

Gedanken müßte man eigentlich gleich noch nachträglich eine Mark in die Macho-Kasse zahlen! (Nur eine?!! – Anm. d. Korr.) Eine diesbezügliche Bemerkung meinerseits löste nur wieder Heiterkeit bei ihr aus. Ich war völlig gefangen. »Kennst Du 'Die Siedler'«? fragte Sie mich mit einem unnachahmlichen Lächeln in ihren graugrünen Augen. Diese Augen warteten förmlich darauf, ob meiner Unwissenheit spöttisch aufzublitzen. Nur zu gern hätte ich dieses Funkeln gesehen, und ich erwog schon, mich dumm zu stellen, da hatte meine Zunge schon selbsttätig die Worte förmlich aus meinem Mund herauskatapultiert: »Klar doch! Bin gerade in Level zehn.« Eben noch spöttisch, wurde ich durch einen (fast) leicht bewundernden Blick, gepaart mit etwas Neid, aus diesen Augen belohnt. Was folgte, läßt sich mit wenigen Worten sagen: Wir diskutierten zum völligen Unverständnis der übrigen Fetenteilnehmer bis spät in die Nacht über Strategien, Infrastruktur und vor allem über Stauprophylaxe. Eine Quintessenz aus dieser sehr erquicklichen Unterhaltung, die wir später in trauter Zweisamkeit fortsetzten, soll hier wiedergegeben werden. Über den weiteren Verlauf des Abends schweigt jedoch der Dichter und genießt ...

### Das Wegenetz

Wege waren schon bei »Die Siedler« ein gewisses Problem, und es galt, gehörig Fingerspitzengefühl beim Ausbau der Infrastruktur zu beweisen. Beim Nachfolger ist das Problem der Staus weitgehend unwichtig, wenn Sie ein paar grundlegende Dinge beachten. Zu jedem Gebäude gehört ein »grundstücksinterner« Weg, der am Ende eine Fahne trägt. Wollen Sie nun zwei Gebäude miteinander verbinden oder an das schon vorhandene Wegenetz anschließen, klicken Sie auf die betreffende Fahne und betätigen im erscheinenden lokalen Fenster den Wegebau-Button. Nun können Sie theoretisch mit der Maus auf die zweite Fahne klicken, und die zwei Fahnen werden automatisch mit einem Weg verbunden. Diese Funktion funktioniert im allgemeinen ganz gut, ist aber mit etwas Vorsicht zu genießen. Steht dem »Geraden-und-auf-kürzestem-Weg-Wegebau« irgend etwas im Weg, sei es ein Baum oder ein anderes Gebäude, dann greift der Computer in seine große Umweg-Trickkiste und zaubert eine Strecke aus dem Hut, die gegebenenfalls dreimal kreuz und quer über den Bildschirm geht. Übersehen Sie in der Hitze des Gefechts eine solche »Mißbildung«, kann das weitreichende Folgen für das Gedeihen der Siedlung haben. Vertrauen Sie nicht blind der Automatik, sondern legen Sie besser in schwierigen Situationen die Wegeteilstücke selber in altbewährter Weise an.

Ist der Weg fertig, können Sie beobachten, wie nach kurzer Zeit ein Gehilfe aus dem nächstgelegenen Lager auf den neu gebauten Weg eilt und in der Mitte zwischen den Fahnen stehenbleibt. Dort vergnügt er sich nun auf ganz eigenartige Weise. Hat er nichts zu tun, springt er ein bißchen mit dem Springseil, liest Zeitung oder winkt anderen Trägern zu und schwatzt ein bißchen mit ihnen. Meistens hat ein Träger dazu aber keine Zeit. Wird nämlich von seinem Nachbarn eine Ware an eine der Grenzfahnen seines Weges gelegt, eilt er sofort herbei und schafft die Ware zur entgegengesetzten Fahne, wo sie von seinem dortigen Kollegen in Empfang genommen wird. Die Waren werden sozusagen in einer Art Staffellauf transportiert. Liegt einmal mehr als eine Ware an einer Fahne, so greift unser Siedlerchen in die Tasche und holt die Transportprioritätenliste raus, die dann von ihm akribisch abgearbeitet wird. Wird der Streß gar zu groß, fordert der Transporteur eine Wegbefestigung an; der Weg wechselt seine Farbe und wird zur Straße. Nun wird der Kleine von einem Esel (sofern genügend in den Lagern vorhanden sind) beim Transport unterstützt. Trotz aller Sorgfalt ist das Wegesystem eine sehr empfindliche Komponente des Spiels.

Bauen Sie immer so viele Fahnen wie möglich! Das minimiert die Transportzeiten. Die Wege sollten immer gerade und ohne Umwege von Fahne zu Fahne gelegt werden.

»Wasserwege« sind, anders als bei »Die Siedler«, in ihrer Länge begrenzt. Sie werden von Ruderern in Booten bedient, die aber einen Landzugang zum entsprechenden Weg haben müssen. Es ist also nicht möglich, »Inselhopping« zu machen, sprich nah aneinander liegende Inseln als Wassertransportkette zu nutzen. Der Transport zu Wasser ist um einiges effektiver als der Transport zu Fuß.

Vermeiden Sie starke Steigungen, und nehmen Sie statt dessen lieber einen Umweg in Kauf. Um bei Auslagerungsaktionen Staus zu vermeiden, setzen Sie die auszulagernde Ware an die Spitze der Transportprioritätenliste. Um eine ausreichende Versorgung der Kolonien auf Inseln zu gewährleisten, bauen Sie bis zu 20 große Schiffe, und lassen Sie Baumaterialien nur noch in das Hafengebäude einlagern.

## Der Esel als Transporthilfe

Historischer Abriß von Renate Brock

**Die beiden Esel**

Ein finstrer Esel sprach einmal
zu seinem ehelich' Gemahl:
»Ich bin so dumm, du bist so dumm –
wir wollen sterben gehen, kumm!«
Doch wie es kommt so öfter eben:
die beiden blieben fröhlich leben.
*(Christian Morgenstern)*

Der Esel ist faul, stur und ausgesprochen dumm. Esel trifft man hierzulande ziemlich selten. Doch es ist ja wohl hinlänglich bekannt, daß die Langohren störrisch sind. Keinen Zweifel daran lassen auch die zahlreichen Fabeln, Märchen und Reime, in denen uns der Esel immer wieder begegnet. Was für ein Mißverständnis! In seiner Unkenntnis und Überheblichkeit tut der Mensch bis heute einem seiner ältesten und zumindest weltweit bedeutendsten Haustiere folgenschweres Unrecht. Der anspruchslose, ausdauernde und unermüdliche Esel, im Wesen geduldig und besonnen, wird seit eh und je geradezu geknechtet und oft mißhandelt.

Vor etwa 7000 bis 8000 Jahren ist der Wildesel (*Equus asinus*), noch vor dem Pferd, zum Haustier geworden. Ort der Domestikation ist vermutlich seine nordafrikanische Heimat, auf deren östliche Steppengebiete die heutigen Wildeselvorkommen beschränkt sind. Als ausgesprochenes Arbeits- und Lasttier ist er weltweit zum Bestandteil der Kulturgeschichte des Menschen geworden. FLADE (1990) schätzt den Hauseselbestand heute auf fast 40 Millionen Tiere. Während der Pferdebestand kontinuierlich zurückgegangen ist (Ver-

drängung aus Landwirtschaft, Gewerbe und Transport durch Motorisierung), ist eine Zunahme des Eselbestandes weltweit, vor allem in den schon heute eselreichen Regionen Asiens, Nordafrikas, Mittel- und Südamerikas zu erwarten. Der anhaltende Bevölkerungszuwachs wird nicht von einer gleichziehenden Entwicklung beziehungsweise Modernisierung von Transport und Landwirtschaft begleitet, womit das anspruchslose Arbeitsstier Esel als Existenzgrundlage vor allem armer Bevölkerungsgruppen an Bedeutung noch gewinnt.

In Mitteleuropa hat der Hausesel als Nutztier nie eine bedeutende Rolle gespielt, vor allem wohl durch das naß-kalte Klima. In das Gebiet nördlich der Alpen ist er, wie übrigens die Hauskatze auch, erstmals mit den Römern gekommen, nach dem 1. Jahrhundert unserer Zeit. Hier ist er nur dort unentbehrlich geworden, wo er dem wirtschaftlich weitaus bedeutenderem Pferd aus irgendeinem Grunde überlegen war. Der Esel ist aufgrund seiner Herkunft aus bergigen Steppen- und Wüstengebieten trittsicherer im unwegsamen Gelände als das Pferd und wesentlich anspruchsloser im Futter. Vor allem letzteres hat ihn auch in Mitteleuropa zum »Pferd des kleinen Mannes« gemacht. Legendär ist der klassische MüllERESEL. Aber besonders die mittelalterlichen Burgen konnten oft nur mit Eselkarawanen gebaut und versorgt werden. Auch in Klöstern war der Esel als Arbeitstier häufig zu finden. Noch zum Ende des letzten Jahrhunderts, bevor die Motorisierung einsetzte, gehörten Eselfuhrwerke zum Straßenbild deutscher Städte. So, wie mit dem Verlust der wirtschaftlichen Bedeutung aus dem Arbeitstier Pferd ein Sport- und Freizeittier wurde, hat auch der Esel in Mitteleuropa eine neue Lobby bekommen. Neben der zunehmenden Freizeithaltung von Eseln weiß man vor allem auch in therapeutischen Einrichtungen das ausgeglichene und geduldige Wesen des Esels bei seinem Einsatz in der tiergestützten Therapie von Kranken und Behinderten zu schätzen. (Verwendete Literatur: FLADE, J.E., 1990: Der Hausesel, Ziemsen Verlag, Wittenberg)

## Die Schiffahrt

Haben Sie einen Hafen und eine Werft errichtet, sind Sie bald der stolze Besitzer eines nagelneuen und, was noch wichtiger ist, hochseetüchtigen Schiffes. Erteilen Sie das Kommando, eine Expedition auszurüsten, wird das Schiff beladen, und schon bald erhalten Sie die Nachricht, daß das Schiff zum Auslaufen bereitliegt. Nun liegt es an Ihnen, die Richtung der geplanten Expedition festzulegen. Das Schiff fährt nun automatisch in die geplante Richtung und hält nach einem geeigneten Landeplatz Ausschau. Hat der Kapitän einen solchen ausgemacht, erhalten Sie eine

> Das erste Schiff sollten Sie immer zur gründlichen Erkundung der Karte benutzen und möglichst kreuz und quer über die Karte fahren lassen. Dann suchen Sie sich den geeignetsten Landeplatz heraus und entgehen Landungen auf winzigen Inseln oder felsigen Stränden.

entsprechende Meldung. Nun entscheiden Sie sich zwischen einer Landung oder der Weiterfahrt. Im Falle der Landung drücken Sie auf das Landungssymbol im Schiffsregister (zwischen den Richtungspfeilen), und es wird ein Flecken Land von Ihrer Mannschaft besetzt, die mitgeführte Ware entladen und damit begonnen, ein Hafengebäude zu errichten. Das Schiff pendelt nun immer zwischen den zwei Häfen und versorgt automatisch die Kolonie mit allen benötigten Materialien und Personen.

Vielversprechend sind gebirgige Gegenden, da Sie dort hoffen können, auf weitere Rohstoffe zu treffen und vom Feind relativ unbe-

Haben Sie auf einer Insel eine Rohstoffquelle entdeckt, und Sie wollen die verarbeitenden Betriebe gleichfalls auf die Insel verlagern, entsteht unter Umständen ein gewaltiges Problem. Die auf der Insel produzierten Schilde und Schwerter werden im Hafengebäude eingelagert. Das Programm erkennt nicht die Notwendigkeit des Transports ins Mutterland, wo die Rekruten bei einem Bier auf ihre Waffen warten. Andersherum wird kein Bier zur Insel transportiert, da die Notwendigkeit nicht erkannt wird. Ähnlich ist es beim Transport anderer Güter. Zuerst das Vaterland, dann die Kolonien. Nach diesem Leitsatz funktioniert der Transport per Schiff. Wir retteten uns aus der Inselmisere, indem wir kurzerhand eine Brauerei, einen Brunnen und, als der Transport von Getreide auf die Insel zu wünschen übrig ließ, auch noch einen Bauernhof auf die Insel bauten. Dann klappte die ganze Sache, und die neuen Rekruten verließen spornstreichs meine schöne Insel, um die Besatzung der heimischen Wachhütten zu unterstützen. Der Transport von Rohstoffen wie Kohle, Erz und Gold sowie der von Baumaterialien funktioniert aber bestens. Es ist daher besser, die verarbeitenden Betriebe zu Hause stehen zu lassen, und auf der Insel nur wenige dringend benötigte Gebäude zu bauen (Wachhütten, Bergwerke, Holzfäller). Fischerhütten sollten auf keiner Bergwerksinsel fehlen. Fisch stellt, wie schon erwähnt, ein sehr effektives sowie schnell und leicht zu gewinnendes Nahrungsmittel dar.

helligt gelassen zu werden. Grundsätzlich ist zu sagen: Auch wenn ein Schiff riesige Mengen von Baumaterialien verschlingt, lohnt sich die Anschaffung vieler Schiffe auf jeden Fall. Da die Kolonien auf die Versorgung durch die Heimat angewiesen sind, erreichen Sie durch mehrere Schiffe eine größere Flexibilität und Geschwindigkeit. Voraussetzung für den Transport von Gütern ist, daß sie sich auch im Hafengebäude befinden. Das Programm erkennt häufig nicht die Dringlichkeit, benötigte Waren ins Hafengebäude schaffen zu lassen. Stellen Sie sich also schon frühzeitig auf diese Situation ein, und lassen Sie Baumaterialien und Nahrungsgüter grundsätzlich verstärkt im Hafengebäude einlagern. Dazu werden die übrigen Lager auf Auslagern gestellt. Diese Methode können Sie natürlich auch in Verbindung mit der an anderer Stelle beschriebenen Auslagerungsaktion anwenden.

## Rohstoffe und Rohstoffgewinnung

Im Prinzip ist schon einiges zu Rohstoffen und ihrer Gewinnung geschrieben worden. Für Querleser und Spieler, die dieses Büchlein partout nicht durchlesen, sondern nur sie interessierende Fakten nachschlagen möchten, folgt hier eine kurze Zusammenfassung zum Thema Rohstoffe. Unter Rohstoffe im weiteren Sinne fallen

- Gold-, Eisenerz- und Kohlevorkommen in den Gebirgen,
- Granitvorkommen oberirdisch in den Ebenen sowie unterirdisch in den Gebirgen und zuletzt
- Wasservorkommen in den Ebenen.

Um die verschiedenen Rohstoffarten (außer Granit, das Sie ja als Felsen direkt sehen) zu entdecken, schicken Sie einfach Ihre Gelehrten an eine beliebige Fahne innerhalb Ihres Reiches. Ein Gelehrter schultert daraufhin seinen Hammer und wird die Umgebung der Fahne sorgfältig nach etwaigen Rohstoffen untersuchen. Findet er ein Anzeichen für Rohstoffvorkommen im Gebiet, so setzt er laut jauchzend und frohlockend ein kleines Täfelchen mit einem Farbklecks in der Mitte an die betreffende Stelle. Ein **weißer** Punkt steht dabei für Granit, ein **gelber** für Gold, ein **brauner** für Eisenerz und ein **schwarzer** für Kohle. Wasser (ein **blauer** Punkt) finden Sie fast überall auf den verschiedenen Karten. Bauen Sie aber nur bei großen Punkten ein

Bergwerk. Ist auf dem Täfelchen nur ein schmaler Streifen Farbe zu sehen, lohnt der Aufwand an Baumaterial nicht, die geringe Menge abzubauen. Die übrigen Rohstoffe sind zufällig und in verschiedener Menge über die Gebirge verteilt. Sie sollten in jeder Mission genügend Rohstoffe zur Verfügung haben.

Die Granitvorkommen werden, wie schon bei den Gebäuden beschrieben, von den Steinmetzen abgebaut. Dadurch werden neue Bauplätze frei. Stehen Ihnen nicht genügend Steine zur Verfügung, und alle Vorkommen in den Ebenen sind verbraucht, dann müssen Sie in den sauren Apfel beißen und Granit unter Tage abbauen. Dieses Verfahren ist natürlich wesentlich aufwendiger und teurer. Pro Einheit geförderten Granits wird eine Ladung Nahrungsmittel aufgebraucht. Die oft reichlichen Kohlevorkommen sollten gründlich und effektiv ausgebeutet werden. Schützen Sie Ihre Rohstoffvorkommen ausreichend vor feindlichen Übergriffen! Besonders auf Gold und Kohlevorkommen haben es viele Ihrer Gegner abgesehen: Keine Kohle – keine Schwerter und damit auch keine Soldaten mehr.

## Nahrung

Pro Einheit geförderten Rohstoffs wird von den Bergarbeitern eine Einheit Nahrungsmittel verbraucht. Dabei ist es den Bergleuten völlig egal, um was für ein Nahrungsmittel es sich handelt. Trotzdem sollten Sie Ihre Nahrungsmittelproduktion mehrgleisig laufen lassen. Somit beugen Sie etwaigen Folgen von Engpässen bei der Produktion von Nahrung für die Rohstoffförderung vor. Von den Bergleuten werden Brot (vom Bäcker aus Mehl und Wasser), Schinken (vom Jäger oder Fleischer) und Fisch (vom Fischer) in das Bergwerk eingelagert und dann Stück für Stück verbraucht. Da aber nur zwei Einheiten von jedem Nahrungsmittel Platz finden, ist es natürlich besser, drei mal zwei verschiedene Einheiten im Lager zu haben als immer auf Nachschub einer Art angewiesen zu sein. (Bei einer ausschließlichen Versorgung mit Schinken würde die Infrastruktur vor erhebliche Probleme gestellt und der Transport anderer wichtiger Güter verzögert werden, da ständig Nahrungsmittel von den Bergwerken nachgefordert würden.)

> Beginnen Sie mit der Erkundung bei einer Fahne am Fuße des Gebirges, und lassen Sie das Gebiet von den gelehrten Geologen untersuchen. Finden die Geologen Kohle oder einen anderen Rohstoff, so plazieren Sie zuerst die Bergwerke in der untersten Reihe und arbeiten sich dann nach und nach spiralförmig nach oben. Diese Vorgehensweise hat den Vorteil einer systematischen Suche nach den Rohstoffen und einer optimalen Ausnutzung der Vorkommen. Außerdem sind am Fuße die Transportwege und der Transportaufwand noch nicht so hoch, so daß es relativ zügig mit dem Abbau vorangeht. Später sind schon einige Rohstoffe in den Lagern vorhanden, und es fällt nicht so sehr ins Gewicht, wenn der Abtransport des Erzes nicht ganz so flüssig vonstatten geht.
>
> Ist ein Bergwerk erschöpft, erhalten Sie eine entsprechende Meldung über das Nachrichtensystem. Sie sollten das betreffende Bergwerk sofort abreißen, da sonst unnötig Nahrungsmittelressourcen verschwendet werden. Die kleinen, emsigen Transporter hören nämlich erst auf, die Mine mit Nahrung zu »füttern«, wenn alle Lagerplätze voll sind. Diese nutzlose Nahrung fehlt dann vielleicht anderswo.

## Das Militär

Die militärischen Gebäude wurden Ihnen schon kurz bei den Gebäuden beschrieben. Hier soll es nun um die Handhabung von Offensive und Verteidigung gehen. Außerdem werden die verschiedenen Soldatentypen vorgestellt.

### Die Soldaten

Aus den Rittern der Vorgängerversion sind bei »Die Siedler II« Soldaten geworden. Es gibt fünf Rangstufen: Schütze, Gefreiter, Unteroffizier, Offizier und General. Um einen Soldaten der einfachsten Sorte zu rekrutieren, benötigen Sie ein Schild, ein Schwert und, da wahrscheinlich auch im Siedlerreich die Verweigerungsrate ihren Höhepunkt erreicht hat oder sich die Männchen nur noch im betrunkenen Zustand zu der Tätigkeit eines Soldaten überreden lassen, ein Fäßchen Bier. Die Zulieferbetriebe sollten ein und dasselbe Lagerhaus beliefern, da die emsigen Männchen nicht gezielt die notwendigen Sachen aus den Lagerhäusern kombinieren. Es wäre eine ganz schöne Verschwendung, wenn in einem Lagerhaus A 20 Schwerter und Schilde lägen, aber das Bier für die Rekrutierung in Lager B lagert und die Wachhütten vergeblich auf Verstärkung warten.

Frisch rekrutierte Soldaten beginnen ihre (oftmals) kurze Karriere als Kämpfer, die in einem der Wachgebäude ihren Dienst schieben. Sie können, wenn eine Goldmünze in das betreffende Gebäude eingelagert wird, befördert werden. Mit einer Goldmünze können bis zu fünf Soldaten, die sich zur gleichen Zeit in einem Wachgebäude befinden, um einen Rang befördert werden. Die Beförderung, ausreichend Münzen vorausgesetzt, erfolgt dabei exakt alle fünf Minuten. Die verschiedenen Ränge weisen natürlich unterschiedliche Kampfkraft auf; Generäle können viel mehr Treffer wegstecken. Ein Soldat, der – ohne in sein Wachgebäude zurückzukehren – mehrere Kämpfe zu bestehen hat, nimmt die Treffer vom vorherigen Gefecht mit in den nächsten Kampf. Ein General trifft seinen Gegner zum Beispiel doppelt so häufig wie ein Schütze. Die unterschiedlichen Ränge halten so viele gegnerische Treffer aus:

| | |
|---|---|
| Schütze | 3 |
| Gefreiter | 4 |
| Unteroffizier | 5 |
| Offizier | 6 |
| General | 7 |

Wird ein armer Tropf zuviel getroffen, löst sich seine Seele engelsgleich aus der geschundenen irdischen Hülle und flattert gen Ewigkeit.

### Wie greife ich an?

Wenn Sie sich entschlossen haben, Ihre Offensive einzuleiten, so suchen Sie sich zuerst ein lohnendes Angriffsziel. Angegriffen werden können prinzipiell nur Wachgebäude. Besetzen Sie die Gebäude nach dem Kampf, wird um das Gebäude herum von Ihnen Land beansprucht. Alle darauf befindlichen feindlichen zivilen Gebäude werden von ihren Bewohnern verlassen und angezündet. Wählen Sie also Ihr Angriffsziel sorgfältig aus, und überlegen Sie, wo sie den Gegner am empfindlichsten treffen können.

Haben Sie ein lohnendes Ziel gefunden (etwa eine Münzprägerei, ein paar Goldbergwerke oder Lagerhäuser), dann klicken Sie mit der Maus auf ein feindliches Wachgebäude. Es öffnet sich ein lokales Fenster, in dem Sie folgende Einstellungen vornehmen können. Sollen die Stärksten oder die Schwächsten der zur Verfügung stehenden Soldaten das Gebäude angreifen? Wie viele Soldaten stehen überhaupt zur Verfügung, wie viele davon sollen das Gebäude angreifen? Haben Sie alles nach Wunsch eingestellt, drücken

> Lassen Sie stets die stärksten Soldaten angreifen und verteidigen. Auch in schwachen Soldaten stecken dieselben Ressourcen (Schwert, Schild, Bier) wie in starken (außer die Goldmünzen), nur haben die starken eine bessere Chance, das Ganze zu überleben.

Sie auf die Taste mit den gekreuzten Schwertern, und der Angriff startet.

Wenn Sie vor dem Angriff vorsorglich abspeichern, können Sie testen, ob der Gegner noch angriffslustig ist oder nicht. Notfalls laden Sie den alten Spielstand und sammeln noch ein bißchen Ihre Kräfte.

Der Gegner wird auf die gleiche Weise versuchen, Ihnen zu schaden. Kommen Sie ihm bei der Besetzung eines eroberten Gebäudes zuvor, und reißen Sie es ab! Das hat den Vorteil, daß ihre zivilen Gebäude im allgemeinen erhalten bleiben, da die Grenzverschiebung durch den Abriß meist nur sehr gering ausfällt.

An der Spitze eines jeden Wachgebäudes erkennen Sie auf den ersten Blick anhand der Anzahl der kleinen Fähnchen, wie groß die Besatzung des entsprechenden Gebäudes noch ist. Durch Drücken der Taste »S« können diese Informationen (bei eigenen Gebäuden) auch permanent angezeigt werden.

Erscheint statt des Angriffsfensters ein Hinweis »Kein Angriff möglich!«, sollten Sie als erstes im Menü »Militäroptionen« die Besetzungsprioritäten Ihrer Wachgebäude begutachten. Für eine Offensive sollte die Besetzung im Inland und in mittlerer Entfernung zur Grenze auf 0 stehen; die maximale Anzahl Soldaten sollte zum Angriff abkommandiert sein. (Ist mit einem Gegenangriff zu rechnen? Falls ja, dann senden Sie nur 50 Prozent zum Angriff!)

# Strategien & Tips

In diesem Kapitel soll versucht werden, all das zu sagen, was bisher noch nicht genannt wurde, wobei wir die wichtigsten strategischen Kriterien zusammenfassen. Dazu beginnen wir einmal ein virtuelles Spiel, in dem alle möglichen Gegebenheiten und Strategien berücksichtigt sind.

Als erstes sehen Sie Ihr Hauptgebäude auf der Wiese. Nichts regt sich in der weiten Flur. Sie erblicken innerhalb der Grenzen Ihres (noch kleinen) Reiches im Norden das Meer. Im Südwesten erstrecken sich vielleicht ein paar Wälder, ein paar Hasen hoppeln vergnügt durch die Gegend; ein Hirsch marschiert majestätisch durch die Idylle. Im Osten sehen Sie ein paar Felsen zu einer Barriere aufgetürmt. Das erste, was Sie jetzt tun sollten ist, Ihr Reich nach allen Seiten zu erweitern. Dazu bauen Sie rund um Ihr Hauptquartier ein paar Wachhütten und verbinden die Fahnen der Baustellen mit dem Eingang Ihrer Burg. Nun beginnt ein geschäftiges Treiben.

Sie sollten von Anfang an nichts dem Zufall überlassen. Ihr Reich ist noch klein, aber Sie werden expandieren, dazu muß der Wald der Zivilisation weichen. Um die wertvolle Ressource Wild nicht zu vergeuden, sollten Sie, wenn Sie wirklich viele der Tierchen auf Ihrem Monitor durch die Gegend laufen sehen, eine Jagdhütte errichten und die Gegend bejagen lassen. In die Nähe des Waldes plazieren Sie außerdem ein bis zwei Holzfällerhütten. Wenn Sie am Anfang des Spieles eine Meeresküste vorfinden, sollten Sie sofort beginnen, Fischerhütten zu errichten.

> Schicken Sie gleich zu Anfang zu jeder der Fahnen an den Baustellen der Wachhütten je ein bis zwei Späher. Diese erkunden das Gelände jenseits Ihrer Grenzen, und Sie erhalten einen besseren Überblick, in welche Richtung sich eine Expansion lohnt. Erfahren Sie zum Beispiel nach der Erkundung von einem Gebirge, sollten Sie in dieser Richtung nach Besetzung der gebauten Wachhütte an der neuen Grenze eine Wachburg bauen, um so das Hinterland Ihrer potentiellen Rohstoffquelle zu schützen.

Bauen Sie diese aber nicht zu dicht aneinander – ein Fischer kann einen ganzen Küstenabschnitt abfischen. Fischer sind die effektivste Nahrungsbeschaffungsmaßnahme! Als nächstes plazieren Sie eine Schlosserei in unmittelbarer Nähe des Hauptsitzes und suchen sich ein Gebiet für die Holzproduktion aus. Meistens bietet es sich an, die ohnehin schon errichteten Holzfällerhütten durch ein Sägewerk und einen Förster zu ergänzen. Nur wenn das Gelände strategisch höchst ungünstig liegt, sollten Sie Ihre Holzproduktion in ein anderes Gebiet verlagern. Günstig ist es, gleich von Anfang an zwei Sägewerke zu betreiben, da sonst bei einer schnellen Expansion schnell das Holz auf den Baustellen zur Mangelware wird. Mit zwei Holzfällern und einer Försterei haben Sie nun eine sichere Grundlage für die Belieferung eines Sägewerkes, das zweite Werk wird durch die temporären Rodungsmannschaften an den sich ausbreitenden Landesgrenzen beliefert.

Nun haben Sie etwas Zeit, bis die ersten Wachhütten besetzt sind, und können sich

Erhalten Sie die Meldung »Nothilfeprogramm wurde aktiviert«, so ist es höchste Zeit, ein Sägewerk, eine Steinmetzhütte, eine Holzfällerhütte und eine Försterhütte zu bauen. Das letzte verfügbare Baumaterial wird nämlich dann nur noch für diese Gebäudetypen reserviert. Sind die Gebäude fertig und besetzt, erhalten Sie die Meldung »Nothilfeprogramm wurde deaktiviert«.

Achten Sie auf jeden Fall auf die Verbündungsverhältnisse! Es könnte sonst sein, daß Sie von den Verbündeteten völlig überrannt werden.

Achten Sie peinlich genau darauf, daß die Einlagerung von Münzen in die Barracken und Wachhütten sowie die wenig besetzten Wachtürme und Wachburgen gestoppt ist. So vermeiden Sie die Verschwendung von Goldmünzen in Form von Beförderungen nur eines Soldaten.

Vergessen Sie nicht, pro Mastanlage einen Brunnen zu errichten.

einen Blick in das Statistikmenü gönnen. Hier sollten Sie einen ersten Blick auf Ihre Gegner werfen. Anhand der Charakterbeschreibung in diesem Buch können Sie sich dann eine ungefähre Strategie zurechtlegen. Hat sich Ihr Land ein wenig vergrößert, bauen Sie am besten in unmittelbarer Nähe Ihres Hauptsitzes eine Münzprägerei, mit deren Hilfe die geringen, aber doch existentiellen Goldvorräte in Münzen umgewandelt werden.

Es versteht sich selbstredend, daß jeder freie Flecken Land, der ausreichend Platz für ein großes Gebäude bietet und sich in einer freien Landschaft befindet (also nicht von Bäumen belegt und Wegen durchkreuzt) mit einem Bauer zur Getreideproduktion besetzt wird. Beauftragen Sie vorerst so viele Bauern wie möglich mit der Getreideproduktion. Die Verarbeitung sollten Sie vorerst auf Sparschiene laufen lassen. Wichtig ist, daß genügend Getreide für die Brauereien und die Eselzucht vorhanden ist. Eine Mühle sorgt für genügend eingelagertes Mehl, so daß die Bäckereien schon auf Mehlreserven zurückgreifen können, sobald Bodenschätze gefunden werden. Eine Bäckerei und ein Brunnen sorgen für einen Grundstock an eingelagerten Nahrungsmitteln. Sorgen Sie im Laufe der Zeit für genügend Getreideüberschuß, können Sie getrost an räumlich beengten Stellen, die keine Getreideproduktion zulassen, aber trotzdem einen großen Bauplatz bereitstellen, ein paar Schweinemastanlagen errichten.

Sind Sie bei Ihrer Expansion endlich auf gebirgiges Terrain gestoßen, sollten Sie umgehend Ihre Geologen mit der Erkundung des Geländes beauftragen. Erhalten Sie die Rückmeldung der Gelehrten, was für Rohstoffe vorhanden sind, errichten Sie die verarbeitenden Betriebe in einer »infrastrukturell« sinnvollen Weise. Zu solch einem Verarbeitungskomplex gehört auch eine entsprechende Absicherung mit Wachburgen und Katapulten sowie ein (leicht inlandwärts) verschobenes Lager. Hier sollten Sie pro neu gebauter Windmühle je einen zusätzlichen Bäcker und einen Brunnen errichten; sind die Vorräte an Mehl im Lager groß genug, darf es auch ein Pärchen mehr sein, um die Nahrungsmittelproduktion richtig in Schwung zu bringen. Ein bis zwei Fleischereien (je nachdem, wie viele Schweine in den Lagern liegen beziehungsweise ob die Schweineproduktion überhaupt schon angelaufen ist) werden mit der Produktion von drei bis vier Schweinehöfen fertig.

Denken Sie daran: Je schneller die Ressourcen ausgebeutet und verarbeitet sind, desto schneller steht Ihnen auch das (letztendliche) Ergebnis all Ihrer Mühen, die Soldaten, zur Verfügung. Deshalb setzen Sie alles daran, so schnell wie möglich zu expandieren, die Rohstoffe abzubauen und in einem vernünftigen Verhältnis zu verarbeiten. Darunter verstehen wir das Verhältnis zwischen Goldindustrie und Eisenverarbeitung. Was nützt Ihnen das Lager voller Goldmünzen, wenn Ihnen die AZUBIS (**AusZUBI**ldenden Soldaten) fehlen. Oder das andere Extrem: Sie besitzen jede Menge Schützen, die aber gegen wenige Generäle doch nur als Kanonenfutter taugen? Behalten Sie also Ihre Kohlelager immer gut im Auge, und stoppen Sie gegebenenfalls die Kohlelieferung für die Münzprägereien zu Gunsten der Eisenschmelzen und Schmieden. Achten Sie darauf, erst einmal alle oberirdischen Granitvorkommen abzubauen, ehe Sie Granitbergwerke errichten. Damit schaffen Sie auch neuen Bauplatz. Die hier eingesparten Nahrungsmittel könnten Sie anderswo vielleicht gut gebrauchen.

Weiter im erdachten Szenario. An der Südküste erscheint nach Eroberungen ein großes Bauhilfssymbol mit einem Anker. Dort können Sie jetzt einen Hafen errichten. Das Hafengebäude fungiert wie ein normales Lagerhaus. Hier rüsten Sie außerdem Expeditionen aus, und Sie versorgen Ihre neugegründeten Kolonien mit allem Nötigen.

In nächster Nähe des Wassers und in geringer Entfernung zum Hafen können Sie nun eine Werft errichten. Achten Sie darauf, daß, wenn Sie nicht die Absicht haben, kleinere Meeresarme mittels Wasserwegen zu überbrücken, keine Boote, sondern Schiffe produziert werden. Ist Ihr erstes Schiff fertig, starten Sie eine Expedition. Es dauert meist eine Weile, bis die nötigen Materialien im Lagerhaus eingetroffen sind. Deshalb ist es wichtig, schon frühzeitig die Lager so zu organisieren, daß Baumaterialien vor allem im Hafengebäude eingelagert werden. Das bringt Ihnen strategische Vorteile, da Sie die Kolonie somit zügig ausbauen und erweitern können.

> Verfügen Sie nur über einen begrenzten Platz, ist es klüger, ganz von der Schweineproduktion abzusehen und statt dessen ein paar Bäcker und Müller mehr zu bauen! Mühlen und Bäcker benötigen nur einen mittleren Bauplatz, während die Schweinemastanlagen einen großen Bauplatz beanspruchen.
>
> Sie sollten pro »Insel« (alles, was ringsherum von Wasser umgeben ist, sollten Sie als Insel betrachten :-) nur einen Hafen bauen, auch wenn es mehrere Möglichkeiten dafür gibt.

Nun manövrieren Sie das Schiff kreuz und quer über die ganze Karte, um sich einen Überblick über die Verteilung der möglichen Landeplätze zu verschaffen. Landen Sie auf einer möglichst großen Insel, auf der sich vielleicht neue Rohstoffvorkommen erschließen lassen. Sind Sie auf der gewählten Insel allein (das heißt, keiner Ihrer Gegner hat vor Ihnen Fuß gefaßt), reicht es, die Insel ausschließlich mit Baracken in Besitz zu nehmen. Sind die Rohstoffvorkommen ausgebeutet, können Sie erwägen, die Insel bis auf ein (neben dem Hafen gelegenes) Wachgebäude und das Hafengebäude wieder zu räumen, um die Soldaten für eine spätere Offensive zur Verfügung zu haben. Das kommt aber immer auf Ihre aktuelle Situation an.

Plötzlich entdecken Ihre regelmäßig ausgesandten Scouts, daß die feindlichen Grenzen bedrohlich nahe an Ihr Territorium heranreichen. Jetzt ist es an der Zeit, die Grenze ausreichend mit Katapulten und Wachburgen zu sichern. Die Transportpriorität, die Sie bisher zugunsten der Bergwerke auf maximalen Transport von Nahrungsmitteln, Rohstoffen und Goldmünzen ausgelegt hatten, sollte jetzt zugunsten von Granit verändert werden.

Aber auch hier lassen sich keine generellen Strategien vorschlagen; Sie müssen Ihre optimale Vorgehensweise schon selber ausprobieren. Nun kommt es zu einem erbitterten Ringen um den Grenzverlauf. Ihre Katapulte (beziehungsweise die sie schützenden Wachgebäude) werden von den Gegnern bevorzugt angegriffen. Jeder Volltreffer aus Ihren Katapulten schwächt die gegnerischen Truppen und dezimiert sie um jeweils einen Soldaten.

Werden die Angriffe des Gegners seltener, oder haben Sie das Gefühl, daß Sie selber stark genug für eine Offensive sind, wird es Zeit, einen Angriffsplan zu schmieden. Ein Blick in das Menü »Allgemeine Statistik« ist dabei sehr hilfreich. Dort informieren Sie sich über die militärische Stärke des Gegners. Vermuten Sie, in welcher Richtung Sie Ihr Ziel am besten erreichen, greifen Sie mehrere Wachgebäude des Gegners auf einmal an. Dadurch erreichen Sie, daß die Soldaten, die der zuerst angegriffenen Garnison zu Hilfe eilen, von Ihren Truppen abgefangen werden. Werden Ihnen im Laufe Ihrer Invasion die Soldaten knapp, können Sie als letzte Maßnahme Wachgebäude im Hinterland abreißen. Die so freigewordenen Soldaten stehen Ihnen dann an der Front wieder zur Verfügung. Werden Sie von Ihren Gegnern an einer empfindlichen Stelle angegriffen, und es gelingt Ihnen nicht, die Gegner abzuwimmeln, reißen Sie das angegriffene Gebäude vor Einnahme durch den Gegner lieber selber ab. Dadurch werden nicht alle zivilen Gebäude der Umgebung ein Raub der Flammen.

Sollten Sie selber die Meldung über feindlichen Katapultbeschuß erhalten, können Sie versuchen, mit einem gezielten Streich das Katapult zu zerstören. Wenn Sie sich noch zu schwach fühlen, geben Sie das Wachgebäude lieber auf, als sich vom Gegner einen General nach dem anderen auf so billige Weise abschießen zu lassen.

Denken Sie daran, das Ziel im Kampagnemodus ist nicht die totale Vernichtung des Gegners, sondern die Entdeckung des Tors, um zur nächsten Mission schreiten zu können. Halten Sie sich strikt an Ihre Aufgabe, die Rohstoffverteilung läßt keine extravaganten Kapriolen zu! Es könnte sonst zu einer Art Patt-Situation kommen.

## Zusammenfassung

Hier folgt die tabellarische Auflistung der »nötigsten Handlungen bei der Neugründung eines Imperiums« von Imperator minor, dem Kleinen Herrscher:

1. Gebietserweiterung (Wachgebäude, Steinmetze, Wald beseitigen)
2. Sicherung der Holzproduktion (zwei Sägewerke, mindestens ein Förster und zwei Holzfäller)
3. Bau einer Schlosserei, eventuell erste Münzprägerei
4. Getreideproduktion en gros, Nahrungsproduktion (Fischer, Jäger!)
5. Rohstoffsuche und Abbau
6. Gebietserkundung (Scouts, Schiffe)
7. Koloniegründung (Rohstoffe und/oder bessere Angriffsposition zum Feind!)
8. Waffen und Goldproduktion
9. Schwächung der angrenzenden Gegner
10. Offensive (hoffentlich) in die richtige Richtung

# Der Kampagnen-Modus

Wie schon angedeutet, ist in das Spiel »Die Siedler II« ein Kampagne-Modus eingebaut. Darunter ist eine durchgehende Storyline mit zehn verschiedenen Missionen zu verstehen. Die Missionen unterscheiden sich im Schwierigkeitsgrad zum Teil erheblich voneinander. Wir möchten hier die verschiedenen Missionen vorstellen und Tips zu ihrer Lösung geben. In der ersten Mission werden Neulinge zunächst in die Bedienung des Spiels eingeführt. Sie erhalten von Ihrer Ordonnanz jeweils Informationen über das betreffende Gelände und Ihre nächsten Ziele. Nach Erfüllung der jeweiligen Aufgabe erhalten Sie das nächste Etappenziel genannt. Im Laufe der ersten Missionen werden auch verschiedene neue Funktionen und Gebäude erworben. (So treffen Sie zum Beispiel auf einen Wikinger, der Sie in die Kunst des Schiffbaus einweiht.) Ziel der Missionen ist es, ein Tor zu finden, dessen magische Kräfte Sie durch Raum und Zeit transportieren. Finden Sie das Tor, so haben Sie die Alternative zwischen Tor betreten (Level beenden) und Fortfahren. Wählen Sie Fortfahren, so gilt die Mission trotzdem als erfüllt. Nach Verlassen des Levels können Sie dann mit der nächsten Kampagne weiterspielen.

## Die einzelnen Missionen

Um Ihnen den Spielspaß nicht ganz zu nehmen, beschränken wir uns bei den Missionsbeschreibungen auf die wichtigsten Tips für die Lösung des Levels und zeigen Ihnen, wo, welche Art und wie viele Rohstoffe auf der Karte auftreten. Dabei beschränkt sich die genaue Anzeige nur auf Vorkommen, die für Sie überhaupt erreichbar sind. Die Vorkommen, die vom Gegner abgebaut werden, sind nicht berücksichtigt.

### Mission 1 – »Es geht los«

Nutzen Sie die Gunst der Stunde! So ein gemütliches und ungefährliches Level werden Sie nie wieder finden! Testen Sie Ihre Untertanen, und bauen Sie die Gebäude, die Ihnen in Ihrem Briefing genannt werden. Ganz im Nordwesten finden Sie dann das Tor.

### Mission 2 – »Erster Kontakt«

Nach und nach lernen Sie neue Gebäudetypen kennen. Nördlich des Hauptgebäudes finden Sie die Ruine einer Wachhütte und östlich die Ruine einer Wachburg, wodurch Sie dann über den neuen Gebäudetyp verfügen. Ihr Gegner kommt von Nordosten, und auch das Tor finden Sie nordöstlich des Hauptgebäudes des Gegners an der nordöstlichsten Spitze der Karte. Benutzen Sie Wasserwege, um die Seen zu überqueren. Ihr Gegner ist recht harmlos und militärisch unterlegen.

### Mission 3 – »Der Engpaß«

Erstmalig haben Sie es mit zwei Gegnern zu tun, die auch richtig angreifen können. Breiten Sie sich so schnell wie möglich nach Osten aus. Wenn Sie auf den ersten Gegner stoßen, befinden Sie sich meistens gerade im Engpaß, das heißt, Sie können nur einen schmalen Streifen Land mit Häusern bebauen und sich nur sehr schlecht verteidigen. Das Tor befindet sich wieder an der östlichsten Nordküste.

G
K
MISSION 1

G
K
E

MISSION 2
GR
K
G
E
GR
K
E
G
GR
K

K
E
GR
K
G
K

MISSION 3
G
GR
K
E
GR
G
K
GR
E
GR
K
GR
E
K
E

K
K
K
E

K
K
K
K
G
E
E
MISSION 4

G

MISSION 5
K
E
E
G
K
G

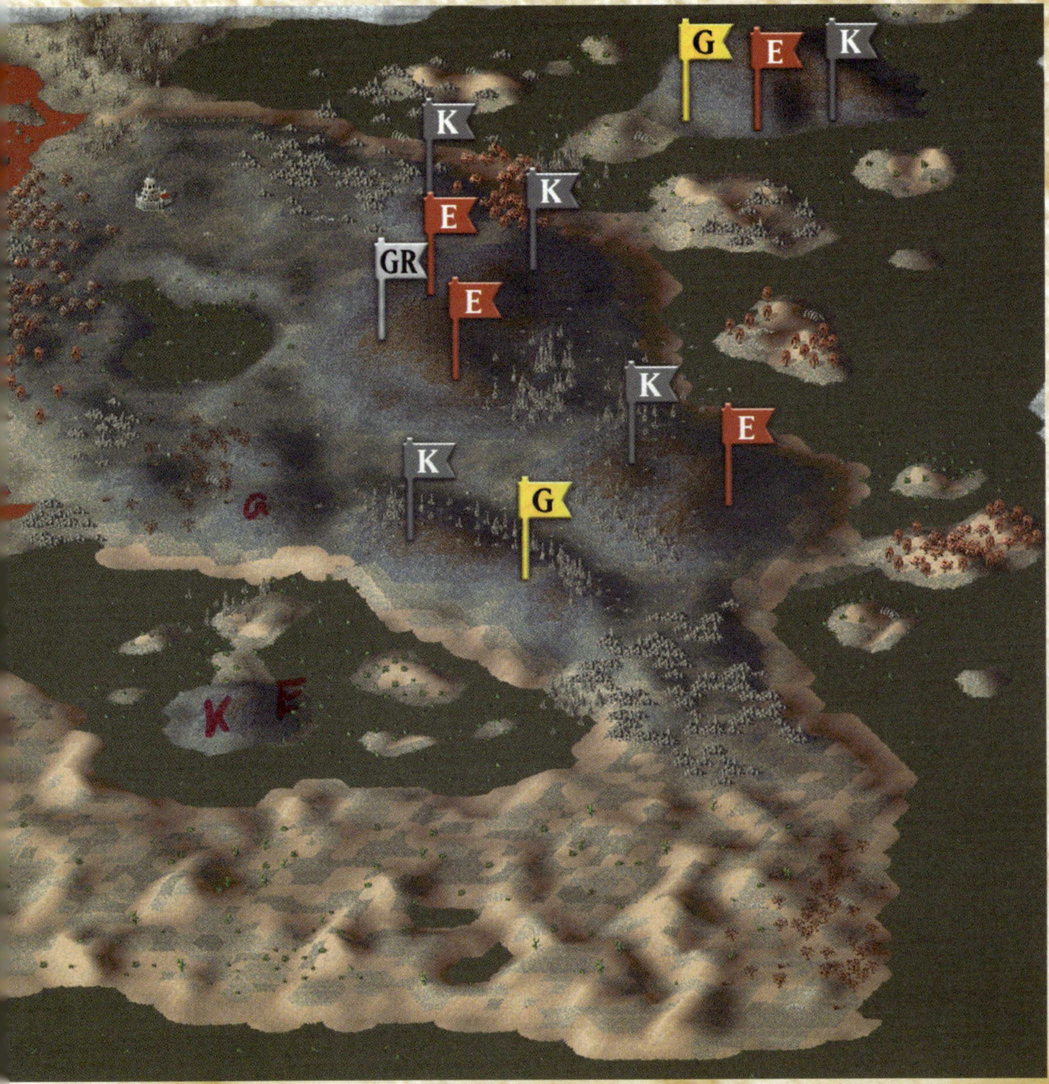
G
E
K
K
K
E
GR
E
K
E
K
G

MISSION 6
E
K
K
K
K
G
E
G
K
E
E
K
G
G
K
G
E

E
K
G
E
K
GR
GR
K
E

MISSION 7
E
K
K
E
E
G
E
K
K
G
K
G
G
E
K
E

E
K
G
K

Verbinden Sie Ihren Teil des Festlandes und die »Goldinsel« mit Wasserstraßen. Somit ist ein besserer Transport des Goldes möglich. Schränken Sie Ihren Granitverbrauch ein!

### Mission 4 – »Auf hoher See«

Hier finden Sie einen Wikinger (an der Südküste), der Ihnen das Geheimnis des Schiffbaus verrät. Nun können Sie Häfen und Werften bauen. Erkunden Sie mit dem ersten Schiff die Karte. Besetzen Sie die große Insel im Süden (Eisenerz) sowie die Insel südwestlich Ihres Schlosses (Gold).

### Mission 5 – »Im Ödland«

Westlich Ihres Schlosses stoßen Sie auf einen gigantischen Steinwall. Trachten Sie danach, diesen so schnell wie möglich abzubauen. Es eröffnet sich Ihnen damit der Weg nach Westen, wo Sie auf einen starken Gegner treffen. Greifen Sie diesen nicht aktiv an! Positionieren Sie entlang der Grenze Katapulte, und bauen Sie dann neue Wachgebäude in die geschaffenen Freiräume. Falls Sie doch einen Angriff wagen möchten, speichern Sie vorher ab, da der Feind äußerst zäh ist. Haben Sie sich bis zu seinem Hauptgebäude vorgearbeitet, können Sie jetzt das westlich davon gelegene Tor in einem Handstreich erobern.

### Mission 6 – »Geteiltes Land«

Jetzt wird es das erste Mal richtig schwer. Erweitern Sie wie üblich Ihre Siedlung. Bauen Sie gleich anfangs eine Münzprägerei, und achten Sie auf eine effektive Beförderung (Wachburgen!). Senden Sie eine Expedition nach Süden und bauen Sie die Rohstoffe auf der Insel dort ab. Jetzt gibt es zwei Möglichkeiten, weiter vorzugehen. Diese können auch miteinander kombiniert werden. Entweder Sie schicken eine Expedition nach Norden und lassen dort einen Hafen bauen. Haben Sie dann genügend Generäle zur Verfügung, so bauen Sie in jener Kolonie eine Wachturm. (Achtung: erst bauen, wenn Sie sicher sind, daß er von Generälen besetzt wird. Sobald er besetzt ist, wird er angegriffen. Katapulte bauen!)

Die zweite Möglichkeit: Dringen Sie bis in den Osten vor. Dort finden Sie ein Gebirge, das Ihnen die dringend benötigten Rohstoffe verspricht. Schützen Sie sich gut mittels Katapulten und Wachburgen. Überlassen Sie nicht dem Gegner die Initiative, sondern greifen Sie mit allen Mitteln an. Wenn dann keine Gegenangriffe mehr erfolgen, können Sie sich einen Weg nach Osten bahnen. An der Ostküste wenden Sie sich dann nach Süden, bis Sie weiter nach Osten vordringen können. An der Gebirgskette finden Sie nochmals Rohstoffe. Verlagern Sie Ihre verarbeitende Industrie hierher. Sichern Sie hier die Grenze gut ab, Sie werden angegriffen! Dringen Sie nun, wenn Sie sich stark genug fühlen, nach Norden vor. Hier finden Sie das Tor.

Haben Sie nicht genügend gute Soldaten zur Verfügung und alle Rohstoffe auf der Insel abgebaut, sollten Sie die Wachgebäude dort bis auf eins (neben dem Hafen) abreißen. Die so freigewordenen Soldaten stehen Ihnen dann an der Front wieder zur Verfügung!

### Mission 7 – »Die Schlange«

Achten Sie auch bei dieser Karte auf eine starke Wirtschaft. Baumaterial und eine starke Nahrungsmittelproduktion sind gefragt. Breiten Sie sich, bis Sie auf Gebirge stoßen, nach Süden und Westen aus. Auf die Hochebene im westlichen Gebirgszug sollten Sie prophylaktisch eine Wachburg bauen. So können Sie die reichen Rohstoffvorkommen schützen. Die Gegner lassen Sie vorerst in Ruhe. Greifen Sie jedoch einen der beiden Verbündeten an, werden Sie in einen Zweifrontenkrieg verwickelt und meistens überrannt. Rüsten Sie also erst gut auf und dezimieren den Gegner im Süden mit Katapulten. Das Tor befindet sich auf der westlichsten Ecke des Kontinents.

## Mission 8 – »Seewege«

In eine denkbar ungünstige Ausgangsposition hat Sie das Tor da gebracht. Im Westen ein aggressiver Gegner, der es ausgerechnet auf Ihr Hauptquartier abgesehen hat. Die Afrikaner greifen ohne Rücksicht auf Verluste von selber an. Das einzige probate Mittel dagegen sollten Sie in Form einer konsequenten Verteidigung der Westseite Ihres Reiches mittels drei Festungen (gleich im Westen dicht an Ihrem Hauptgebäude) finden. Ein paar strategisch günstige Katapulte wirken ebenfalls Wunder.

Das lockende Gebirge und die damit verbundenen Rohstoffe sollten Sie nicht dazu bewegen, sich mit der Eroberung des Höhenzuges zu verzetteln. Dringen Sie lieber weiter nach Osten vor. Über eine Landbrücke gelangen Sie auf eine Halbinsel, an deren Ostküste einige Rohstoffe für Ihre Rüstungsproduktion lagern. Im Süden dieser Halbinsel finden Sie einen Hafenbauplatz. Von hier aus können Sie zwei weitere, rohstoffliefernde Inseln erschließen, die Sie nach dem Hafenbau auch mit Wasserwegen per Ruderboot miteinander verbinden können. Dadurch wird der Rohstofftransport kollosal erleichtert. Nur Menschen (also auch Ihre Soldaten zur Besetzung der Wachgebäude) werden nur per Hochseeschiffahrt transportiert. Haben Sie sich ein wenig von den Angriffen an Ihrem Hauptgebäude erholt, können Sie wiederum zwei Eroberungswege in Richtung Tor einschlagen oder beide miteinander verbinden. Anstrebenswert, aber wesentlich komplizierter, ist der Wasserweg. Das Tor befindet sich an der südwestlichsten Spitze des Kontinents (nennen wir es das »Kap der Guten Hoffnung«). Wenn Sie also eine Expedition in Richtung Westen starten, sollten Sie irgendwann etwa in Höhe Ihres Hauptgebäudes (nur viel weiter südlich) wieder auf dem Festland eintreffen. Wenn es Ihnen gelingt, hier Fuß zu fassen, ist es nur noch ein Katzensprung an der Südküste entlang bis zum Tor. Der zweite Weg ist, sich vom Hauptgebäude aus nach Westen durchzuschlagen und dann, in Höhe des Hauptgebäudes der Afrikaner, nach Süden vorzustoßen. Dieser Weg hat den Nachteil, daß Sie das Volk fast völlig besiegen und sich auch noch den Weg zum Kap durch die Zivilisation des zweiten Volkes bahnen müssen.

## Mission 9 – »Die graue Insel«

In einer bedrohlichen Atmosphäre starten Sie auf einer dunklen Insel. In unmittelbarer Nähe des Hauptquartiers stoßen Ihre Geologen sowohl auf Kohle als auch auf Gold. Breiten Sie sich nun so rasch als möglich in Richtung Osten aus. Nutzen Sie große Wachgebäude, um Ihr Gold effektiv einzusetzen. Beim Vorstoß nach Osten finden Sie genügend Eisenerz. Forcieren Sie vor allem eine ausreichende Nahrungsmittelproduktion; es kommt einfach darauf an, schnell viele Soldaten zur Verfügung zu haben und diese zu Generälen zu befördern. Halten Sie sich bei Feindkontakt an der Südküste entlang, bauen Sie Katapulte nur an sinnvollen Stellen, da Granit genügend, aber keineswegs reichlich zur Verfügung steht! Haben Sie den Feind ein wenig zurückgedrängt, finden Sie einen Bauplatz für einen Hafen. Starten Sie die Expedition nach Süden an die gegenüberliegende Küste. Jetzt können Sie den Feind in die Zange nehmen und weiter nach Osten zurückdrängen, wo Sie nach zähem Ringen auf das Tor stoßen. Den Gegner im Norden sollten Sie nur soweit nach Norden vertreiben, bis Sie eine Gasse

MISSION 8
K
K
K
K
E

K
K
E
G
G
K
E
K
K
K
G
G
E
E

MISSION 9
E
G
K
K
K
K
K
K
G
K
G
K
E
G
E
K
K
G
G
E

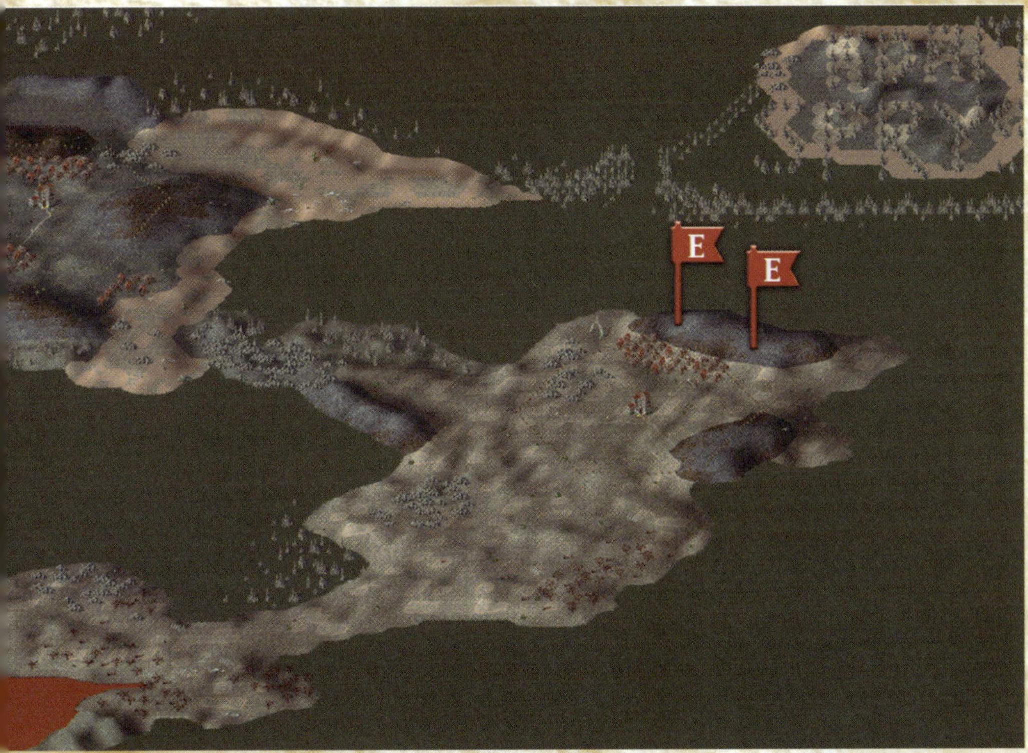
E
E

## MISSION 10

E
K
K
E
K
E
K
G
G
K

freigemacht haben, um sich mit Ihrem Hauptgegner zu messen und das Tor zu erobern.

### Mission 10 – »Das letzte Tor«

Diese Mission ist wieder eine knifflige Sache, bei der es auf richtiges Timing und die richtige Strategie genauso wie auf eine starke Wirtschaft ankommt. Wie üblich beginnen Sie mit dem Aufbau der Siedlung und breiten sich nach allen Seiten aus. Nach Norden sollten Sie nur bis hinter die Granithügel vordringen und dann an der Grenze zwei Wachburgen bauen, die Sie gegen Angriffe von dieser Seite her schützen. (Ein Katapult ist sicher auch nicht verkehrt.) Im Nordwesten stoßen Sie auf einen Gebirgsring, der Ihnen die nötigen Rohstoffe für die Aufrüstung einer starken Armee liefert. Weiter im Westen, stoßen Sie auf eine Lücke in diesem Gebirgswall. Sichern Sie die Stelle, und breiten Sie sich weiter nach Westen und später nach Norden aus, um alle Ressourcen für Ihre Streitkräfte zu nutzen. Die Gegner im Inneren des Gebirgsringes sind Ihnen feindlich gesinnte Römer. Fühlen Sie sich stark genug (ein Blick auf das Statistikmenü sollte Ihnen Ihren militärischen Status verraten), ziehen Sie sämtliche Truppen aus dem Landesinneren in die Lagerhäuser und Wachgebäude an Ihrer Nordgrenze zusammen, regeln im militärischen Optionsmenü die Zahl der Angreifer auf Maximum und starten eine großangelegte Offensive. Greifen Sie alle nur möglichen Wachgebäude Ihres Feindes an. Somit verhindern Sie, daß benachbarte Garnisonen sich gegenseitig helfen und Ihre Soldaten abfangen. Versuchen Sie, den Gegner quasi zu überrennen. Das Tor finden Sie im Inneren des Ringgebirges nordöstlich des Eingangs ins Innere des Kraters.

# Das freie Spiel

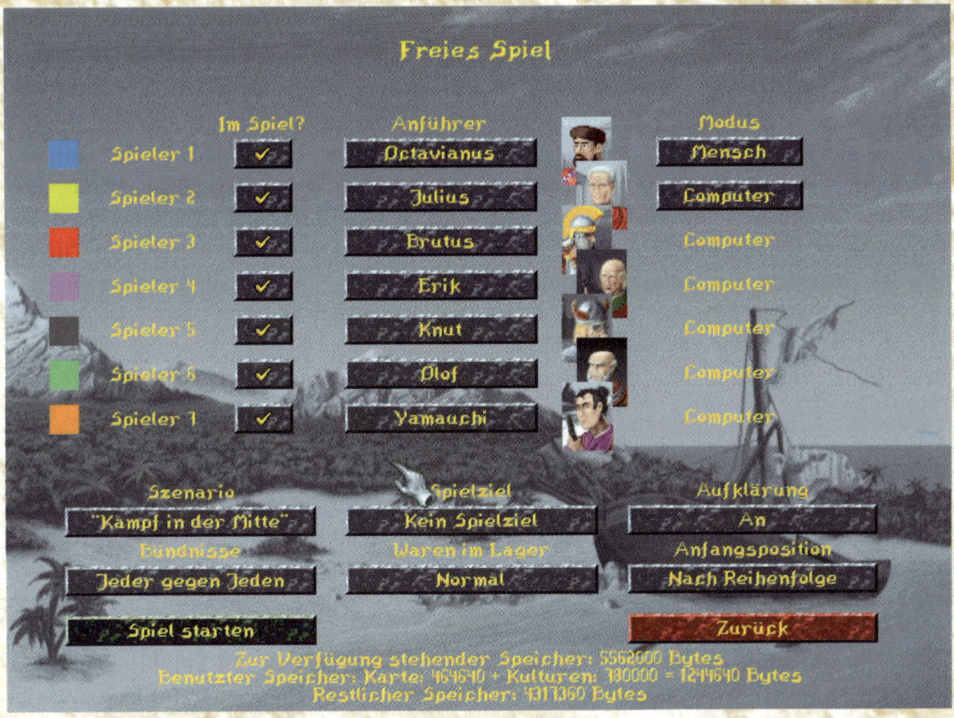


Haben Sie alle Missionen erfolgreich und im Schweiße Ihrer Füße (pardon, Ihres Angesichts) gelöst? Noch nicht genug? Was? Erst Blut geleckt? Dann ist das freie Spiel für Sie genau das Richtige. Wenn Sie auf dem Hauptbildschirm den Button »Freies Spiel« betätigen, gelangen Sie zu einem komplexen Auswahlscreen.

Hier können Sie zwischen achtzehn verschiedenen Szenarien für zwei bis acht Spieler wählen. Sie legen die Karte und die Anzahl der mitspielenden Gegner fest, ebenso deren Nationalität und den führenden Kriegsherrn des Volkes. Weiterhin haben Sie hier die Möglichkeit, die Ausgangsmenge der eingelagerten Waren, Rohstoffe und Personen festzulegen. (Wenn Ihnen die Missionen des Kampagne-Modus also zu einfach waren, so treten Sie doch mal gegen acht Gegner an, wenn Sie nur die minimale Lagerfüllung angewählt haben!) Zuletzt sollten Sie sich über das Endziel des Spieles klar werden. Sie haben die Wahl zwischen keinem Ziel, Sieg nach Besitz von Dreiviertel der Landfläche oder Alleinherrschaft. Außerdem können Sie hier Bündnisse mit anderen Mitspielern definieren. Sie können Volk gegen Volk spielen, das heißt, jede Völkerschaft verfolgt unter Führung verschiedener Kriegsherren ein gemeinsames Ziel. Andererseits können Sie sich mit einem zweiten menschlichen Gegner gegen alle vorhandenen Computerspieler verbünden. Oder Sie wählen den Modus »Jeder gegen Jeden« in dem, wie aus dem Namen unschwer zu entnehmen ist, jeder Heerführer mit seinem Volk allein versucht, das Spielziel zu erreichen. Die Option Aufklärung dient zur Einstellung der Verdunklungsoption. Ist der Button auf »AN« gestellt, muß das Territorium erst vom Spieler und seinen Spähern ausgekundschaftet werden. Mit der Einstellung der Anfangsposition auf »Zufällig« erreichen Sie verschiedene Startpunkte der Spieler bei mehrmaligem Start desselben Szenariums mit den gleichen Optionen.

> Achten Sie genau auf das Fenster Ihres menschlichen Gegners, und versuchen Sie, seine Strategie nachzuvollziehen. Versuchen Sie, ihn mit »unlogischen« Aktionen auf Ihrem Teil des Bildschirmes (den er ja auch einsehen und beobachten kann) abzulenken und zu verblüffen. Spielen Sie nur mit Freunden, die nicht nachtragend und cholerisch veranlagt sind! >; - )

## Der Mehrspielermodus

All diese Karten und Einstellungen können Sie auch im Zweispieler-Modus nutzen. Anstelle eines der Computergegner stellen Sie durch Klicken auf die Schaltfläche einen zweiten menschlichen Gegner ein. Wie auch schon bei »Die Siedler« unterstützt das Sequel eine weitere Maus am zweiten seriellen Port Ihres Computers. Das Spiel wird dann im Splitt-Screen-Modus gestartet. Wie schon bei seinem Vorgänger haben beide Spieler auf ihrer Bildschirmhälfte die jeweiligen Menüs, und die tastaturunterstützten Befehle sind für Spieler zwei auf den numerischen Ziffernblock gelegt. Die Tastaturbelegung für den zweiten Spieler ist:

| | |
|---|---|
| 1: | Bauhilfsfunktion (wie Leertaste) |
| 2: | Bezeichnung der Häuser (wie Taste »C«) |
| 3: | Status der Gebäude (wie Taste »S«) |
| 4: | Nachrichtenfenster (wie Taste »N«) |
| 5: | Landkarte (wie Taste »L«) |
| 6: | Zoom (wie Taste »Z«) |

## Die Karten des freien Spiels

Hier finden Sie die Karten des freien Spiels, auf denen Sie auch Art und Menge der Rohstoffvorkommen angezeigt bekommen. Bei der Karte »Das Amulett« sprengen die Rohstoffvorkommen sämtliche Dimensionen und sind so im Format diese Büchleins nicht mehr darstellbar.

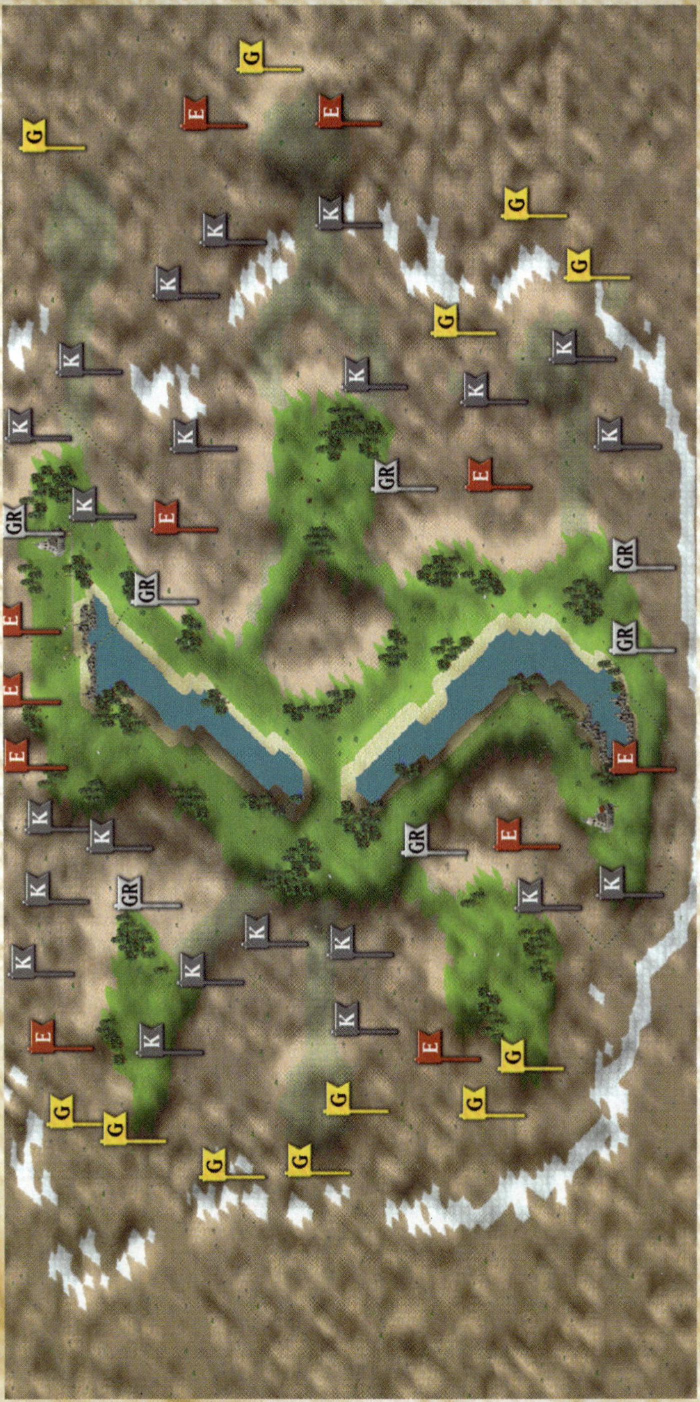

Der dunkler Pfad

Der Graben

Die Ebene

Im Gebirge

Das Dreieck

Lavasee

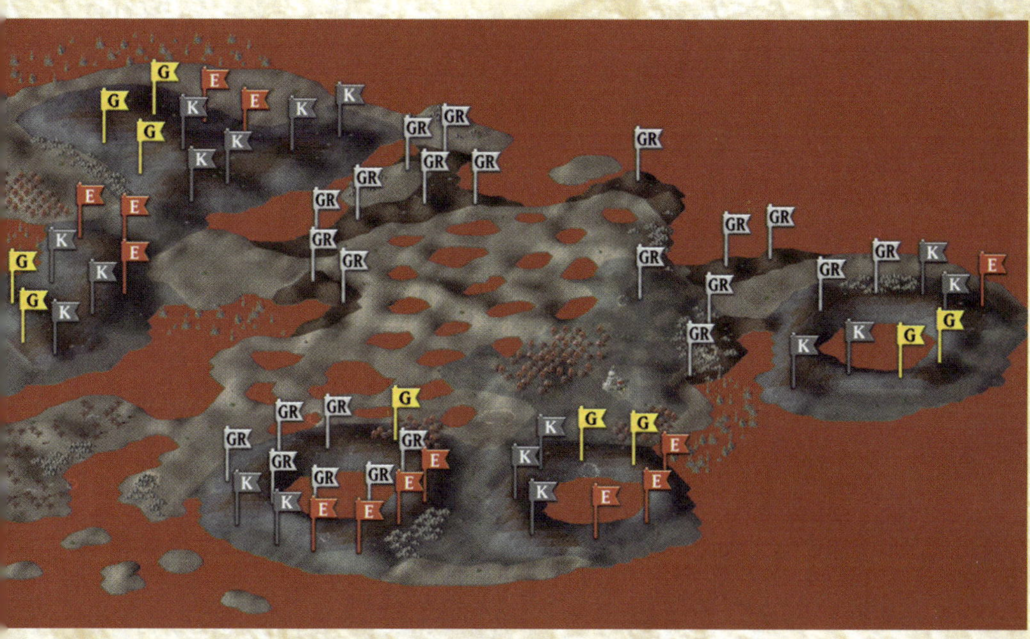

Die grüne Insel

K
K
E
G
E
E
G
G
E
G
K
K
K
E
K
K
E
E
K

Good old times

Flußlandschaft

Das schwarze Tal

Der Eichenwald

Schildkröte

Insel der Hügel

Vier Inseln

GR
K
K
E
E
GR
GR
GR
K
K
K
K
G
K
E
E
K
K
K
G
G
G
K
K
K
K
K
K
G
G
K
K
K
K
E
GR
K
K
G

Drachenebene

K
E
E
K
K
K
GR
K
K
G
GR
G
E
E

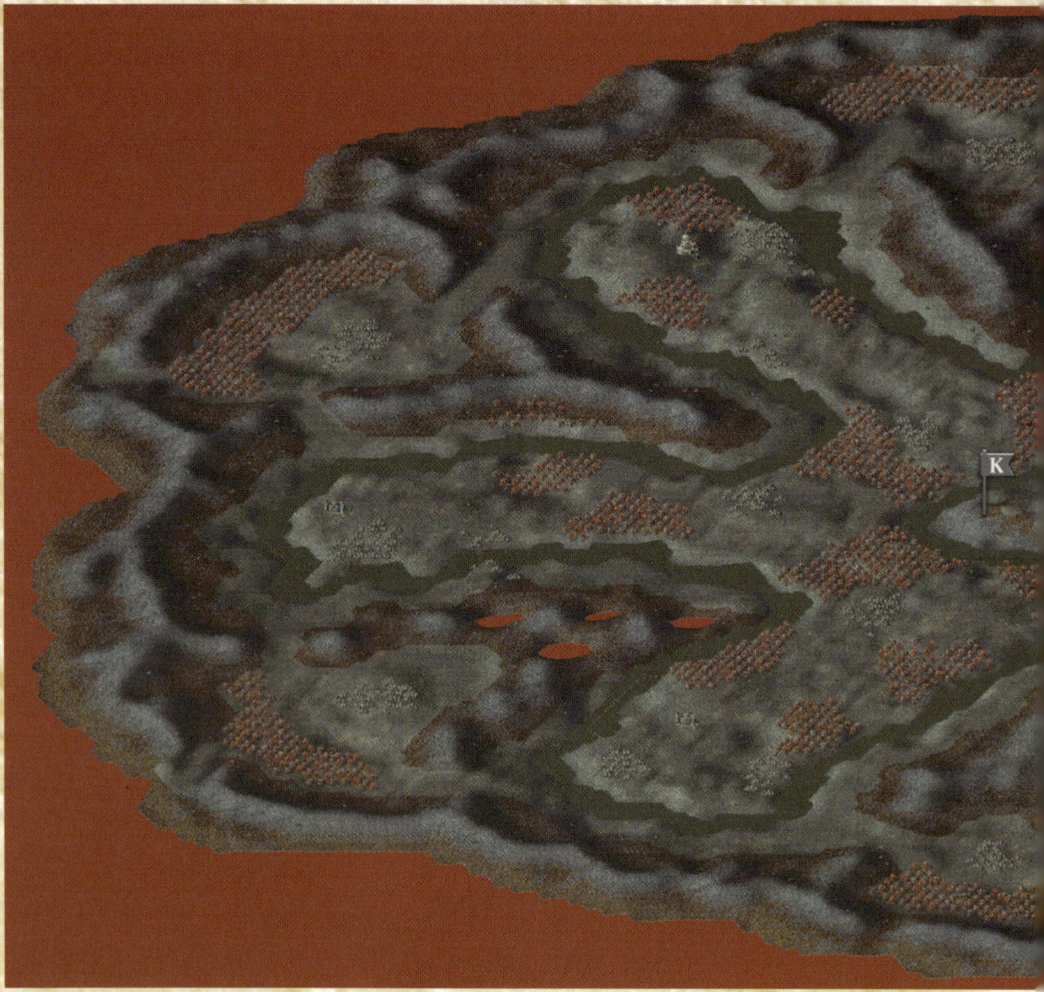


Das Amulett

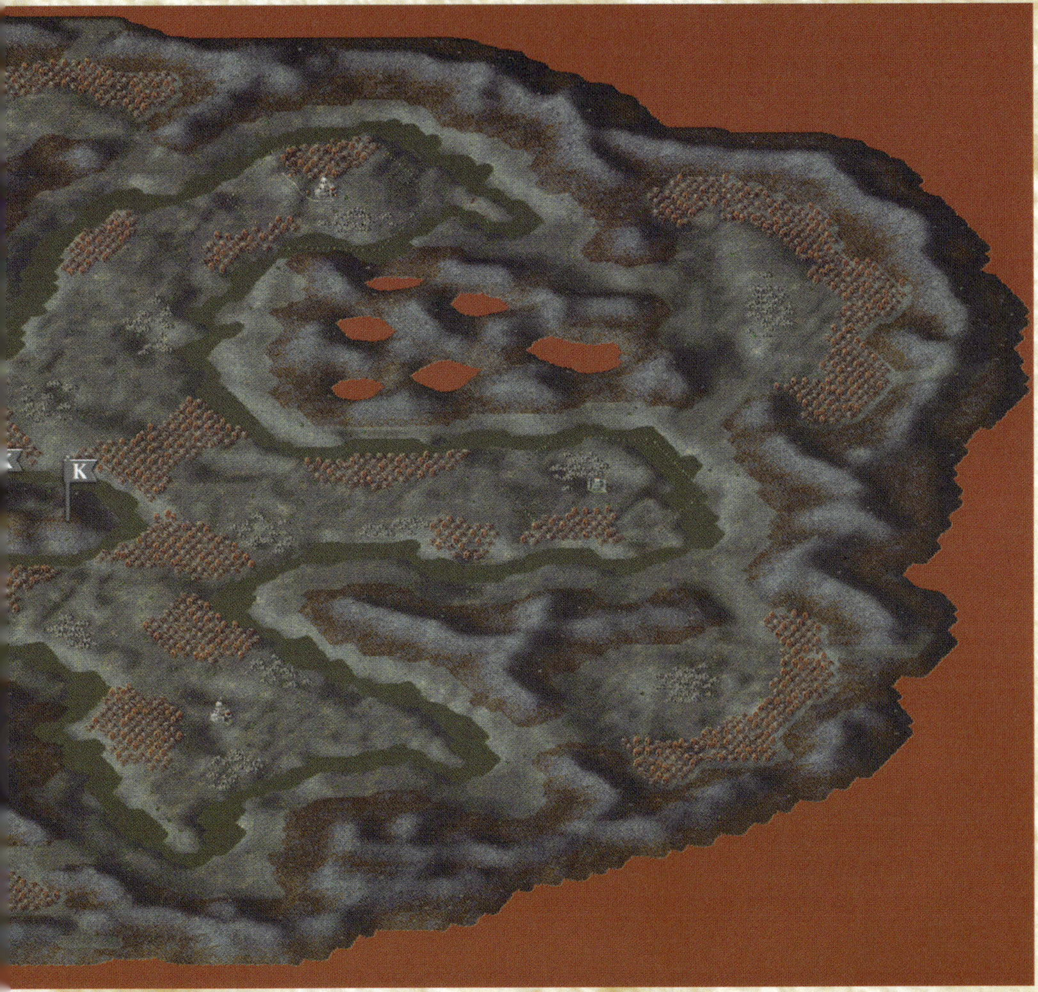
K

Kampf in der Mitte

E
K
K
K
E
E
K
G
G
K
E
G
G
G
E
K
G
K
G
E
K
E
K

Durch die Wüste

# Bugs der Urversion

Es ist nun mal so: Wer sich in der ersten Euphorie gleich am ersten Tag das neue Spiel zugelegt hat und ein alter Hase im Spielesektor ist, der weiß um die Schwächen und Mucken eines jeden neuen Spieles. Wer nicht, der muß trotzdem mit ihnen leben. Diese Fehlerchen, die sich in der Versionsnummer 1.00 oft noch rumtreiben, werden im Jargon als Bugs (amerikanische Bezeichnung für Insekten – meist Schädlinge – aller Art, frei nach dem Motto: Alles, was kreucht und fleucht, ist ein Bug!«) bezeichnet. Für die Beseitigung dieser Fehlerchen werden von den Softwarefirmen in der Regel kurze Zeit nach der Veröffentlichung des Programmes Korrekturprogramme (sogenannte Bugfixes) herausgegeben, die dann meist kostenlos in öffentlichen Mailboxen oder via Internet zu beziehen sind.

Auch um »Die Siedler II« machen solche Bugs keinen Bogen. In der Ur-Version sind einige Fehler vorhanden, die aber mittels eines Updates zur Version 1.02 weitgehend behoben werden. Diese Update behebt folgende Probleme:

- Absturz bei sehr vielen geöffneten Fenstern.
- Ladeprobleme im Zwei-Spieler-Modus.
- Katapulte zerstören jetzt alle in ihrer Reichweite liegende feindliche Militärgebäude.
- Speicher-Button im »Programm verlassen«-Fenster.
- Gebäudestatistik zeigt Eselszucht nur noch einmal und dafür auch die Eisenschmelze.
- Diverse kleinere Bugs.

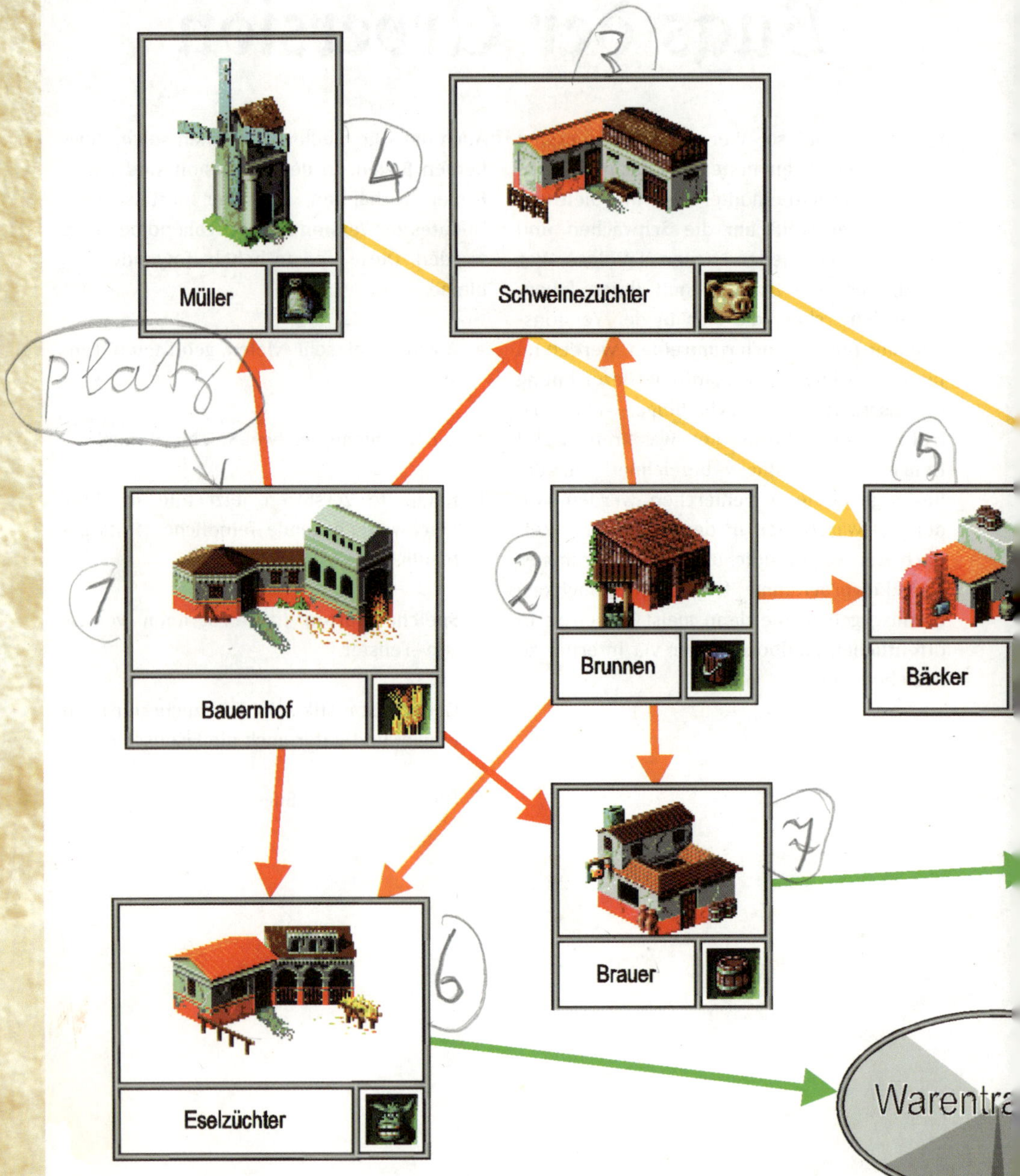
Müller
Schweinezüchter
Bauernhof
Brunnen
Bäcker
Brauer
Eselzüchter
Warentra
platz
1
2
3
4
5
6
7

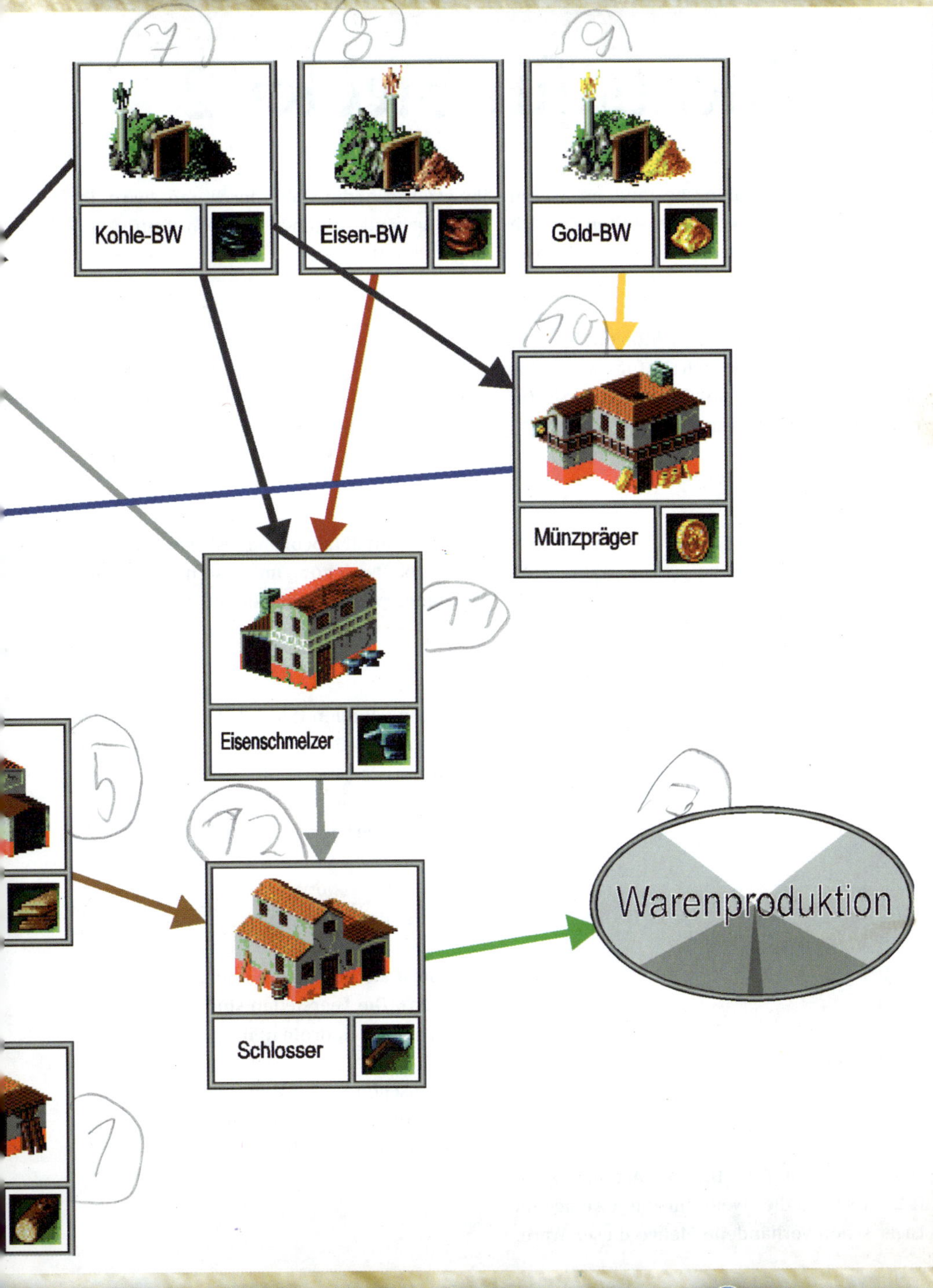

Kohle-BW
Eisen-BW
Gold-BW
Münzpräger
Eisenschmelzer
Schlosser
Warenproduktion

# Cheats für Siedler 2

Wenn Sie Ihren Anfangsbestand an Waren manipulieren möchten, dann sollten Sie sich folgenden Abschnitt einmal genauer ansehen.

Öffnen Sie mit einem Texteditor die Dateien DATAMISSIONSMIS_0000.RTX (für Karte 1) bis MIS_0009 (für Karte 10). Hier finden Sie (in etwa) folgende Auflistung:

```
[GLOBAL_MAP_SETTINGS]

!GLOBAL_SET_MAP 200
!GLOBAL_SET_BOBS        0
!GLOBAL_SET_HQ_BOBS     6, 7, 0
!LOAD_MISSION_TEXTS 1
[MAPCOMMANDS]
!SET_HOUSE 24, 33, 39
!ADD_ANIMAL 6 3 41 44
!ADD_ANIMAL 1 1 30 36
!ADD_ANIMAL 2 1 28 37
!ADD_WARE 1 15
!ADD_WARE 2 12
!ADD_WARE 11 20
!ADD_WARE 6 2
!ADD_WARE 7 2
!ADD_WARE 8 4
!ADD_WARE 9 12
...
```

Im Abschnitt

```
!ADD_WARE
```

steht die erste Zahl für die Art der Ware (1=Bretter) und die zweite für die jeweilige im Lager schon vorhandene Menge dieser Ware. Ersetzen Sie die Zahl durch 100, wird ihr Hauptgebäude anfangs über 100 Bretter verfügen. Im Abschnitt

```
!ADD_PEOPLE
```

sehen Sie das gleiche für die Berufe. Ergänzen und ändern Sie also die Datei entsprechend der unten stehenden Tabelle nach Belieben ab, und starten Sie das Spiel mit der editierten Datei.

Im Abschnitt [Mapcommands] haben Sie die Möglichkeit, schon im ersten Level alle Gebäudetypen zu benutzen, indem Sie

```
!ENABLE_ALL_HOUSES
```

eintragen. Wollen Sie eine Eisenschmelze näher an Ihre Gebirge verlagern, so können Sie, wenn Sie eine Weile probieren und die laufende Nummer des Gebäudes herausbekommmen, mit der Zeile

```
!SET_HOUSE (Nummer des Hauses; 24 ist das Hauptgebäude), ..., ...
```

das Gebäude an einen anderen Ort »verpflanzen«. Die Leerstellen sind die dem Haus zugeordneten Koordinaten.

**TIP:** Tauschen Sie so zum Beispiel die Koordinaten eines Ihrer Wachgebäude mit denen eines feindlichen Gebäudes.

| Beruf | !ADD_PEOPLE | Ware | !ADD_WARE |
|---|---|---|---|
| Gehilfe | 0 | Holz | 0 |
| Bauarbeiter | 19 | Bretter | 1 |
| Planierer | 20 | Steine | 2 |
| Holzfäller | 1 | Fleisch | 3 |
| Förster | 3 | Getreide | 4 |
| Steinmetz | 5 | Mehl | 5 |
| Fischer | 2 | Fisch | 6 |
| Jäger | 6 | Schinken | 7 |
| Schreiner | 4 | Brot | 8 |
| Bauer | 7 | Wasser | 9 |
| Schweinehirt | 13 | Bier | 10 |
| Eselzüchter | 14 | Kohle | 11 |
| Müller | 8 | Eisenerz | 12 |
| Bäcker | 9 | Gold | 13 |
| Fleischer | 10 | Eisen | 14 |
| Bierbrauer | 12 | Münzen | 15 |
| Bergarbeiter | 11 | Zange | 16 |
| Eisengießer | 15 | Axt | 17 |
| Schmied | 18 | Säge | 18 |
| Münzpräger | 16 | Spitzhacke | 19 |
| Schlosser | 17 | Hammer | 20 |
| Schiffsbauer | 28 | Schaufel | 21 |
| Gelehrter | 21 | Schmelztiegel | 22 |
| Erkunder | 27 | Angel | 23 |
| Esel | 29 | Sense | 24 |
| Schütze | 22 | Beil | 25 |
| Gefreiter | 23 | Nudelholz | 26 |
| Unteroffizier | 24 | Bogen | 27 |
| Offizier | 25 | Schwert | 28 |
| General | 26 | Schild | 29 |
| | | Boot | 30 |

Auch Bündnisse sind käuflich (und cheatbar). Durch die Zeile

```
!GLOBAL_SET_COMPUTER_ALLIANCE ... ...
```

lassen sich die verschiedenen Allianzen einstellen. Haben sich die Gegner gegen Sie verbündet, löschen Sie diese Zeile, oder geben Sie die Zahl 0 (das sind Sie :-) ein und gehen dann eine eigene Allianz mit einem beliebigen Gegner (zweite Leerstellen-Zahl 1 oder 2) ein.

Sind Ihnen die Gegner zu stark, oder sind Sie ihrer gar ganz überdrüssig? Dann löschen Sie sie doch einfach! Die Zeile

```
!SET_ACT_PLAYER (0-2)
```

(0 sind wieder Sie, 1 ist Gelb, 2 ist Rot) definiert die Zuordnung der nachfolgenden Ressourcenverteilung zum jeweiligen Spieler. Tauschen Sie die Zahlen 1 und/oder 2 gegen 0 aus, so besitzen Sie die Hauptgebäude des Gegners. So ist es möglich, alle drei Hauptgebäude gleichzeitig zu besitzen und zu steuern! Wenn Sie den Feind aber nur stärker oder schwächer machen wollen, ändern Sie einfach die Anzahl der zugeordneten Ressourcen und Personen.

Um Ihre Nahrungsmittelvorräte ein wenig aufzustocken, ohne direkt zu betrügen, können Sie die Anzahl der jagbaren Tiere im Revier einfach erhöhen, indem Sie die Zeile

```
!ADD_ANIMAL (welches Tier) (Menge,
maximal 99) (Startkoordinaten)
```

eingeben. Die Nummern der Tierarten entnehmen Sie der untenstehenden Liste. (Enten können Sie natürlich nur auf dem Wasser plazieren, Eisbären nicht im Grünen!) Um das Level sofort zu schaffen und zu beenden, holen Sie sich das Tor doch in Ihren Machtbereich! Fügen Sie in die Zeilen

```
!MET_END_EVENT 98 19 … …
!MET_SET_FINAL_EVENT 98 19 … …
!MET_POSSITION_OCCUPIED 1 99 … …
```

an den Leerstellen doch einfach die Koordinaten Ihres Hauptquartiers ein. Müssen Sie gegen zwei gleiche Gegner antreten? Die Zahl hinter

```
!GLOBAL_ADD_COMPUTER_PLAYER (1-2) …
```

steht für einen Heerführer der Völker. Ändern Sie diese beliebig gemäß untenstehender Liste. Dabei können zweistellige Zahlen nicht zu einstelligen werden.

| **Tier** | **!ADD_ANIMAL** |
|---|---|
| Eisbär | 0 |
| Kaninchen | 1 |
| Hase | 2 |
| Fuchs | 3 |
| Hirsch | 4 |
| Reh | 5 |
| Ente | 6 |
| Esel | 7 |

| **Führer** | **!GLOBAL_ADD_COMPUTER_PLAYER x** |
|---|---|
| Octavianus | 0 |
| Julius | 1 |
| Brutus | 2 |
| Erik | 3 |
| Knut | 4 |
| Olof | 5 |
| Yamauchi | 6 |
| Tsunami | 7 |
| Hakirawashi | 8 |
| Shaka | 9 |
| Todo | 10 |
| Mnga Tscha | 1 |

# Webweiser

Wir machen uns nichts vor: Es gibt sicher die eine oder andere Frage, die bei der Lektüre des Buches offenbleibt. Bei technischen Schwierigkeiten konsultieren Sie (von Montag bis Freitag, 15 bis 19 Uhr) die Hotline von Blue Byte, **Telefon** 0208/45088-88, senden ein **Fax** an die Durchwahl -99 oder schreiben eine **Mail** an hotline@bluebyte.de. Das M&T-**Buch** »PC-Spieler ohne Startprobleme« offeriert überdies Lösungen für eine ganze Reihe von Unbilden.

Seit dem Start der »Siedler 2« hat Blue Byte einige kleine Fehler ausgebügelt. Sie updaten Ihre Version mit Hilfe von Patches (alias Bugfixes), wodurch einige Dateien aktualisiert werden. Aktuelle Patches beziehen Sie direkt von Blue Byte. Sie sind außerdem auf Monats-CDs von Spielezeitschriften zu entdecken sowie in elektronischen Foren.

Haben Sie einen **Internet**-Anschluß, finden Sie auf der Homepage von Blue Byte (http://www.bluebyte.de) Patches, Demos und Tips zu den »Siedlern«, aber auch zu Spielen wie »Battle Isle 3« und »Albion«. In einer ganzen Reihe von Newsgroups (etwa comp.sys.ibm.pc.games) geht es um Spielethemen. Dabei brauchen Sie sich nicht auf deutschsprachige Gruppen zu beschränken; »Die Siedler« sind im europäischen Ausland als »The Settlers« nämlich nicht unbekannt (in den USA wurde das Spiel als »Serf City« vertrieben); im Sommer 1996 will Blue Byte die Übersetzung des zweiten Teils ins Englische fertig haben.

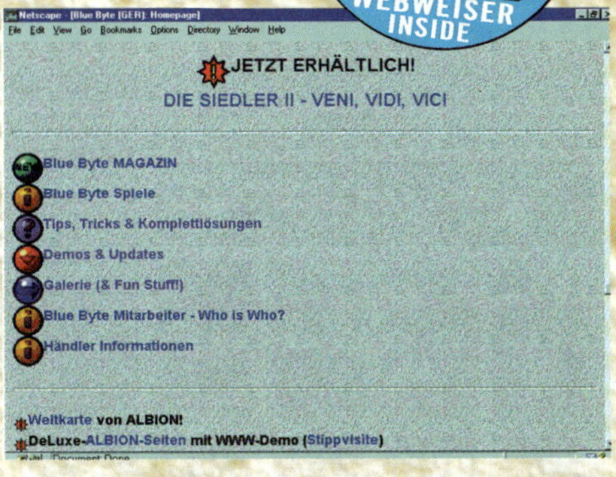


Für **AOL**-Mitglieder ist das deutschsprachige Spieleforum (Kennwort: SPIELE) gedacht. Bei Fragen zum Forum wenden Sie sich am besten an den Betreuer Marco Mütz (AOL-Name: FSCTdent). Ein Versuch ist zudem das US-Spieleforum wert, zu erreichen mit dem Kennwort GAMES.

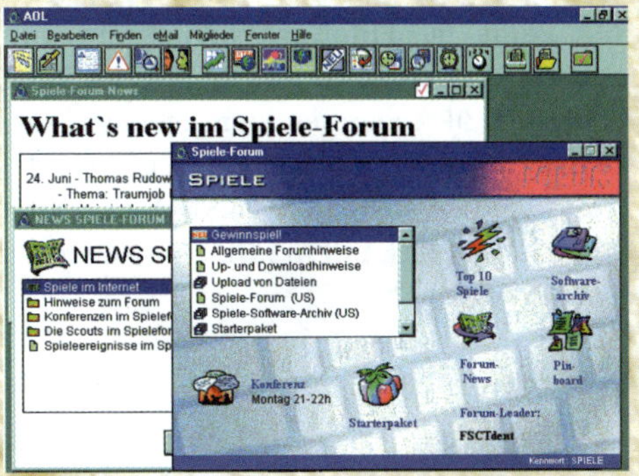


Einen Überblick über die Spieleforen in **CompuServe** gibt Ihnen das GO-Wort SPIELE. Dabei bieten sich vor allem das Markt&Technik-Forum (GO GERMUT) sowie das DEUSPIEL-Forum an. In der GERMUT-Bibliothek, Sektion Games, werden wir aktuelle »Siedler«-Patches ablegen. Anfang Juli 1996, zu der Zeit also, zu der wir die Arbeiten an dem Buch abschlossen, war die Datei S2UPDATE.ZIP aktuell, die auf Version 1.2 updated. In den Diskussionsforen können Sie auch Fragen stellen (und auf Antwort hoffen). Über den GO-Befehl GAMERS gelangen Sie zu den englischsprachigen Spieleforen.

Falls Sie gern in **Mailboxen** stöbern, suchen Sie sich am besten eine Box, die an das GamesNet angeschlossen ist. Dort sollten Sie frische Patches, aber auch Cheatprogramme erhalten.

Als Point im **FidoNet** können Sie von 2:249/1030 (V.34) sowie 1031 (ISDN) die Datei S2UPDATE.ZIP requesten. Zum Meinungsaustausch über die »Siedler« eignen sich die Areas SPIELE.GER, SPIELE.STRATEGIE.GER sowie SPIELE.CHEATS.GER (ehemals CHEATS.GER).

Sofern Fragen zum Inhalt des Buches auftreten, wenden Sie sich getrost an die Autoren dieses Buches:

Gunther Bigl, Arndtstraße 36, 04275 Leipzig
Fax: 02561/9137 13249
Internet: bigl@rzaix340.rz.uni-leipzig.de
FidoNet: Gunter Bigl @ 2:249/1030.21

Sie können die Internet-Adresse von AOL aus benutzen. Als CompuServe-User setzen Sie »internet:« vor die Adresse oder ändern (in neueren WinCIM-Versionen) das Adreßformat in »Internet«.

# X GAMES

## Macht & Moneten
## Strategien zum Erfolg

P. Schmitz / C. Schmidt

Gewinn und Erfolg bei den bekanntesten Wirtschaftssimulationen, Aufbau- und Denkspielen garantiert Ihnen dieser ausgezeichnete Strategieführer. Besprochen werden u.a. Capitalism, Network$, SimTower, Die total verrückte Rallye, Der Meister, PowerHouse.

122 Seiten, komplett in Farbe

ISBN 3-8272-9003-1

DM 24,80/öS 184,–/sFr 22,80

LÖSUNGEN, TIPS & TRICKS!

HER MIT DER KOHLE!

## Wing Commander IV
## The unofficial Guide

P. Schmitz / C. Schmidt

Ihr persönliches Pilotenhandbuch zum großartigen 4. Teil des Kultspiels! Neben der Beschreibung aller Missionen gibt es viele Zusatz-Informationen, die weder im Software-Handbuch noch im Spiel selbst erklärt werden: Geheime technische Daten über Schiffe und Waffen und viele versteckte Funktionen. Die Autoren, erfahrene, gestählte Wing-Commander-Profis, zeigen Ihnen außerdem die besten Tricks und geben ausgezeichnete Taktiktips für alle Situationen. Beschreibung aller Missionen mit Lösungstips, Cheats und versteckte Funktionen …

ISBN 3-8272-9005-8

DM 24,95/öS 185,–/sFr 23,–

KULT!

ALLES IN FARBE
VIELE SCREENS

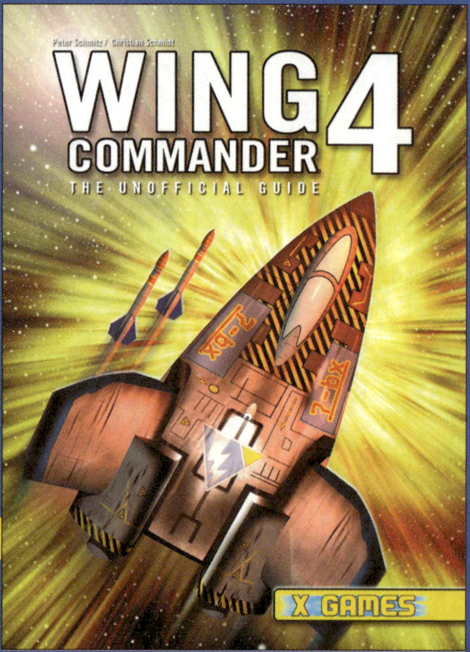

# X GAMES

VOLLER DURCHBLICK

ALLES IN FARBE
VIELE SCREENS

SCHÄTZE

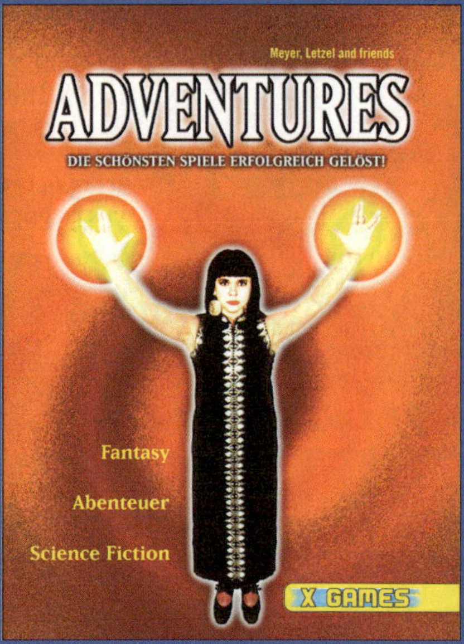


**Adventures**
R. Meyer/S. Letzel and friends
Lösungen zu klassischen Adventures in einem Band! Simon The Sorcerer II, Space Quest 6, Woodruff And The Schnibble Of Azimuth, Lost Eden, Vollgas (Full Throttle), Flight of the Amazone Queen, Kings Quest 7 etc.
ISBN 3-87791-764-X
DM 24,80/öS 184,–/sFr 22,80

---

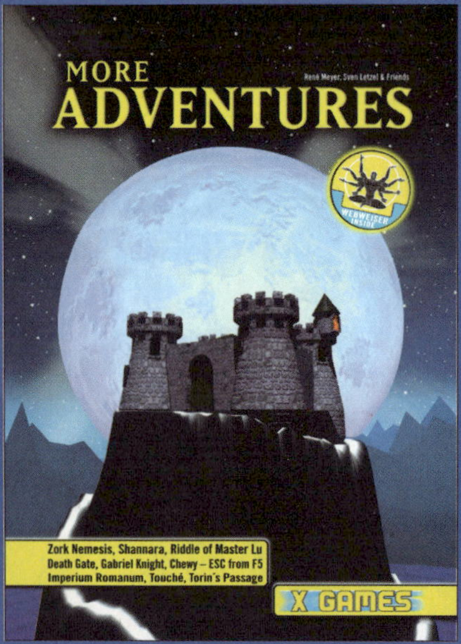


**More Adventures**

KAUF MICH!

R.Meyer / S.Letzel
Ein Buch, randvoll mit Lösungen zu den schönsten Adventures. Auch Ihr Spiel ist dabei. Schlagen Sie nach, wenn Sie trotz vieler verzweifelter Versuche nicht weiterkommen. Hier finden Sie garantiert den richtigen Tip. Und wenn Sie ein süchtiger Adventure-Fan sind, holen Sie sich hier Informationen zu Spielen, die Sie sich noch zulegen wollen: Zork Nemesis, Imperium Romanum, The Riddle Of Master Lu, Torin's Passage, Shannara, Death Gate , Gabriel Knight 2, Chewy Escape, Touché, The Dig.
ISBN 3-8772-9010-4
DM 29,95/öS 222,–/sFr 28,00

LÖSUNGEN,
TIPS & TRICKS!